新聞とテレビが絶対に言えない
「宗教」と「戦争」の真実

非道とグローバリズム

和田秀樹（精神科医）
中田 考（イスラーム法学者）

ブックマン社

序章

テロとは何か。

日本はどれだけの
危険に晒されているか。

暴力行為自体はテロではない

この対談の編集が終わろうとする
2015年11月、
パリでイスラーム国（ＩＳ）による
同時多発テロが起こった。
直後から、Facebookは
フランスの三色旗を示すアイコンであふれ、
「非道なテロ」を非難するメッセージを
伝え続けている。
世界を巻き込む激しい怒りの一方で、
国内でも「日本もすでに標的である」
という不安と恐れが蔓延してきている。

――２０１４年以降、過激派組織「イスラーム国*（以下、ＩＳ）」によるテロとみられる事件が頻発しています。２０１５年11月13日、パリで同時多発的に起こった銃撃及び爆発*で死者は１３０名、負傷者は３００名以上となり、その報道は世界を駆け巡りました。「非道なテロを許すまじ」という怒りの一方、国内でも次の標的はどこなのか、日本も標的になり得るのかという不安と恐れが蔓延しているように感じられますが。

和田　国民感情をもっとも過激にするものの一つが、テロリズムです。今、フランスは「我々は結束し、断固として戦う」というムードですね。これまで穏健派とされてきたオランド大統領は、「戦争状態」であるとして憲法改正まで持ち出しています。これを国民も強く支持していて、支持率は22％も上がったというんです。

中田　同時に、欧米各地でムスリムに対するヘイトクライム*が

イスラーム国
英語名 Islamic State in Iraq and the Levant. ２００６年に創設された、イラクおよびシリアで活動するテロ組織。アメリカがイラクに駐留していた時期に、アメリカ軍と戦った戦士やシリアでアサド大統領政府軍と戦った戦士が中心となって組織されている。構成員はおよそ３万人。２０１４年に国家樹立宣言。しかし国際連合、日本国政府、アメリカ合衆国連邦政府は「国家としての独立を認めない」とし「ＩＳＩＬ」の名称を使用しているが、日本のメディアでは「イスラーム国」という呼称が常となっている。

パリで同時多発的に起こった銃撃及び爆発
２０１５年11月13日、フランスのパリ周辺のサッカースタジアムや

急増しています。この事件を重要たらしめているのは、テロ行為そのものよりも、そういうフランスおよび世界における過剰反応だろうと思いますよ。

そもそも、暴力行為自体がテロというわけではありません。暴力を背景にして政治的目的を達成しようとするのがテロなんです。国家だってそうでしょう。シリアやイラクやロシアなどのように、民主主義国家なのにあからさまに暴力をふるう国家もあるし、暴力ではないが、何らかの恐怖によって人を支配するということを、どこの国家も行っています。

——暴力や恐怖は政治的な目的を達成するための手段であるということですか。

中田　そこで怖がらせて、目的を達することに意味があるんです。これは、イスラーム世界を理解する必要があるという文脈で言っているのではないですよ。

劇場、4ヵ所の飲食店への銃撃と爆破が行われた。警察との銃撃戦で実行犯のうち7名が死亡。ほかに18人がテロに関与しているとされ国際指名手配を受けている者もいる。

ヘイトクライム
人種、民族、宗教、セクシュアリティ（性的指向）などを理由に危害を加えること。または、そうした特殊な属性への偏見や憎悪によって引き起こされる犯罪や事件。

和田　感情的に反応せず、ちゃんと頭で考えればわかることだということですね。もともと今回のテロを起こしたＩＳの戦闘員の多くはフランスやベルギーに住んでいて、隣にフランス人、つまり異教徒がいても今まで皆殺しにしてこなかったのになぜ今、この事件が起こったのか。一体どういう目的があるのかということを冷静に考えるべきなのです。

中田　フランスで今回起こったテロは、報復だとはっきり言っています。フランス軍*がマリとかシリアで攻撃をしているから、それをやめさせるためにやっていることなのです。

和田　そのへんのことがわかっていないと、全体は見えてきませんね。

中田　フランスは、東アラブを分断した当事者国の一つ*です。

フランス軍
現在、約１万人のフランス兵が海外に派兵されている。その内訳は西アフリカ３０００人、中央アフリカ２０００人、イラク３２００人など。

東アラブを分断した当事者国の一つ
第一次大戦後、イギリスとフランスの密約によって引かれた境界線によって、シリアとイラクは２つの国家に分断された。その後これらの国を統治してきた独裁政権が弱体化・崩壊したことにより、宗派や民族の結びつきを取り戻そうという機運が復活。ＩＳの台頭につながっているとされる。

また、フランスはアラブ、アフリカのムスリム*（イスラーム教徒）が住む広大な土地を植民地支配していたのですが、特にアルジェリアでは、植民地化の過程で多くのアルジェリア人ムスリムが殺されただけではなく、１９５４年から１９６２年にかけての独立戦争で１００万人を超える犠牲者を出しているのです。

和田　その背景にある問題として、第二次世界大戦のフランスはナチに事実上白旗を上げていて、終戦前にはほぼナチス領に*なっています。それで本来はドイツとともに敗戦国であったはずなのに、イギリス軍が追っ払ってくれたおかげで戦勝国になってしまった。だから、フランスはドイツ以上に何も清算していないんです。

中田　フランスというのは、非常に全体主義的な国ですよ。ナポレオン*とかド・ゴール*などが大好きで、みんなでまとまって

ムスリム
イスラーム教徒のことを指すアラビア語。イスラーム教は、唯一神アッラーへの絶対的服従を説いている一神教で、神の啓示を受けた預言者ムハンマドが7世紀の初頭に説いた宗教。いくつかの宗派に分かれるが、ムスリムは世界各地で暮らしており、世界全体で約20億人いると言われている。日本でも、１９６８年に日本ムスリム協会が宗教法人として認可されている。

終戦前にはほぼナチス領に
１９４０年にナチス・ドイツが侵攻し、１９４４年以降にドイツ軍が連合国軍に駆逐されるまでフランスには親独的なヴィシー政府が置かれた。この間、フランスはナチスのユダヤ人迫害などに加担していたことをシラク大統領が認め

デモをしたがるのです。にもかかわらず自分たちは自由な国だと思っていて、それが一番の問題です。

――フランスは、ヨーロッパでもっとも移民を受け入れる精神を持っていると言われますが。2010年の時点でムスリムも470万人住んでいるとか。

和田　見方によっては、フランス人というのはすごく心が広くて、国籍や民族性に囚われない、いわゆるコスモポリタン的でしょう。フランスに住んでフランス語を話す人なら、誰でもフランス人として扱うという建前を作っているわけですから。

中田　それと同時に、フランスというのは、宗教色や民族色をなるべくなくしましょうという発想がとても強い国家です。イギリスは未だにイギリス国教会が支配しているし、ドイツはキリスト教民主党がある国で、アメリカはプロテスタントだった

ている。

ナポレオン
ナポレオン・ボナパルト（1769〜1821）。フランス革命の混乱を制圧して軍事独裁政権を樹立。各国に遠征を繰り返してイギリスとオスマントルコ以外のほぼ全ヨーロッパを勢力下においた。

ド・ゴール
シャルル・ド・ゴール（1890〜1970）。フランス第18代大統領。保守派政治家。ナチ占領下ではイギリスに亡命政府を樹立し、戦後に第五共和制を開始。国家的権威を重視し、「フランスはいかなる外国の圧力にも従属すべきでない」という基本的信条により、アメリカの影響を避けるためにNATO軍事機構からも脱退している。

けれども今はカトリックの国のようになっている。どこの国も非常に宗教が影響力を持っているのに対して、フランスやロシアは宗教を徹底的に排除する。こういう国は異端なのです。

――日本の場合、宗教色はありませんよね。

和田　いや、新宗教が連立与党に入って政権に参加している国というのは、日本以外には世界のどこにもないんですけどね。

通り魔的なテロは防ぎようがない⁉

――ではこれはどうですか。イギリスでもロンドンの地下鉄*駅の構内で事件が起こり、警察はテロ事件として捜査に乗り出しています。犯人の男は「シリアのため」と叫んだと伝えられているんです。

宗教色や民族色をなるべくなくしましょうという発想
フランス流の「政教分離」、「世俗主義（レイシテ）」は非常に反宗教的。フランスは中世からローマ・カトリック教会と権力闘争を繰り広げていて、フランス革命が打倒を目指したのは聖職者階級を第一身分とする身分制だった。

ロンドンの地下鉄
ロンドンの地下鉄駅で12月5日夜、ナイフを持った男が3人を襲い、男性1人が重傷、2人が軽傷を負った。29歳の身元不明の男を逮捕、単独犯と見られている。

中田　それなどは、ＩＳのプロパガンダに共鳴した男が、勝手にそのへんの人間を刺したんでしょう。ＩＳは組織ではないですからね。こういうのになると、単なる個人的な欲求不満でやっている可能性もなくはないわけです。

和田　こうなると止めようもないですよ。通り魔殺人事件が、どんな時代にどの社会でも起こっているように、当たり前にあることです。

中田　道を歩いていたら交通事故に遭うかもしれない、というように起こり得るものとして考えるしかない。むしろ、メディアがいたずらに恐怖を煽《あお》らないことが大切でしょう。

――ではこういう事件は世界各地でまだまだ起こると？

中田　これからも止まりませんよ。もっともっと新しい事件が起きてくるでしょう。先ほどから言っているように、テロというのは政治的な目的を達成するための行動であり、暴力そのものではない。だから、その目的が何かを考えなければ解決策は見出せないということなんです。

アジアの混沌とイスラームベルト

――ところで中国は、ISの一連の動きをどう受け止めているのでしょうか?

中田　完全に新疆《しんきょう》*ウイグル自治区の独立の問題としてとらえていて、絶対に許さないと考えています。というのも昨今、新疆ウイグル自治区から亡命をはかるウイグル族が増えているのです。中国はこのことにISが関与していると言い張って、「対テロ対策」という名のもとに、ウイグル族へのより強硬な抑圧政策を始めています。中国はどんどん昔の秦帝国に回帰してい

新疆ウイグル自治区
ウイグル人は東トルキスタン(新疆ウイグル自治区)、カザフスタン、キルギスタン、ウズベキスタンなど中央アジアに居住し、人口は約1000万人。大半はムスリムでテュルク語族のウイグル語を話す。中国は1912年からトルキスタンを新疆省という行政区分に置き弾圧を行っている。また、中国はこの地域で1964年~96年にかけて延べ46回の核実験を行い(広島の原爆の約1370発分)、100万人以上の被爆者が出ていると推測されている。

て、秦帝国の領土を守るのが目的です。そのため、絶対に新疆を離さないという意識で、イスラームと対立しているのです。

和田　中国の大半を占める漢民族は、あまり領土拡張論者ではないかわりに、自分たちのこれまでの領土は絶対に守りたいという国です。だから、彼らに言わせたら自衛なんですが、自分の縄張りに対してはものすごくセンシティブに振る舞いますね。南シナ海だろうが尖閣だろうが、彼らがこれまで自分の領土だと思って疑ったことがないから強硬なのです。これに対してロシアは、どちらかというとすごい拡張論者で、戦争でとった土地は絶対に返さないという考え方です。だから、日本に対しても北方領土を返還するなんていう考えはあり得ない。イスラームに対してもそうでしょう。

中田　日本ではほとんど興味を持たれていないのですが、上海協力機構*というものがあります。中国・ロシアと、もともとソ

上海協力機構
2001年6月、上海にて設立。中国、ロシア、カザフスタン、キルギスタン、タジキスタン、ウズベキスタンの6カ国が加盟。中国とロシアの利害を調整するための場所、という見方もある。

連だったアゼルバイジャンとかカザフスタンとかキルギスタンとか中央アジア内陸国を中心に構成された国際組織ですが、これは実はイスラームの、とくにトルコ系のスンナ派*の革命運動を抑えるために作られた治安協定です。今、それを経済的なところにまで広げつつあり、トルコとインドがオブザーバー的に入っているんです。

和田　中央アジアの、要するに民族的にはスンナ派のトルコ人なんだけど、当然エリートはみんなソ連由来の人たちだから、反イスラームの世俗主義の国々ですね。

中田　これをまとめてイスラーム化しないように抑えるのが主目的に作られた協定なんです。ソ連が崩壊したあとにできた協定で、現在はイランも加わっています。イランはイスラームだけどシーア派*で、スンナ派の独立運動を天敵としているのです。こうしたことを背景に、これまでＩＳの戦士の中ではチェチェ

スンナ派
イスラーム教の多数派。シーア派がアリーだけを正当なカリフ（P87参照）とするのに対して、アブー・バクル、ウマル、ウスマーンらアリーに先立つカリフも正当カリフとしている。

シーア派
第4代のカリフであり、ムハンマドの従兄弟のアリーこそが、イスラームの教えを間違いなく伝える者だとする派。「シーア」とは党派の意味。イスラーム教徒の約2割がシーア派といわれ、イラン、イラク、バーレーンなどで主流。

ン人が勇猛だとして知られていたのですが、今や最強部隊はウイグルだと言われています。ウイグル民族にとってきわめて残酷で非道な中国人と戦うことに比べたら、ロシア人やイラク人は手ぬるいと、やすやすと戦っているんですよ。今まで中国は、ＩＳをあまり相手にしていませんでした。ＩＳにとっても中国は距離的に遠いので、相手は欧米だったんです。でも２０１４年12月に入ってロシアが空爆をはじめたことで、中国はＩＳから「次はお前だぞ」と名指しで宣言されています。

和田　ここへきて、中国・ロシアとＩＳとの対立構図がはっきりと入ってきたんですね。

中田　ウイグルからトルコまでつながっている「トルコ系スンナ派イスラームベルト」というものを、我々はそんなに意識していませんが、イスラーム世界の人たちにとっては存在感があるのです。セルジュクトルコ帝国*の時代から自分たちがイスラ

セルジュクトルコ帝国
11～12世紀にかけて現在のイラン、イラク、トルクメニスタンを中心に存在した遊牧トルコ民族によるイスラーム王朝。

ームを支えてきたと誇りに思っているトルコ系の民族が、今、目覚めつつあるという状況です。そのベルトは実際、中国とロシアの中にあるわけですからね。そこにシーア派が力を持ってきて絡んできて、非常に不安定化してきたというわけです。

テロは戦争への火種になるのか

――そ、それはまさに、第三次世界大戦という様相ではないのでしょうか。

中田　そもそも、20世紀はヨーロッパの自滅の時代だったと言えます。2回の大戦で数千万人ずつお互いに殺し合ってヨーロッパは自滅しました。そのあとアメリカの勢力が拡大してきて、ヨーロッパにかわり、「欧米」という形になりました。その間、いったんソ連は共産主義で失敗したのですが、ロシア・中国という新しい帝国として力を伸ばしてきて、もはやアメリカのコントロールがきかなくなってきて、多極化してきたという状況でしょう。

和田　そういう中でＩＳが台頭してきていると。三つどもえ、四つどもえになっている、こういう状況をしっかり見ないと、ＩＳの動きだけを注視していてもわからないわけですね。

中田　しかもシーア派のほうがアメリカとの外交政策に勝ち切って、国連でイラン核合意*が成立したこともあり、国際社会に復帰してきています。彼らはアメリカと対立しているのと同時に、サウジアラビアを中心としたスンナ派世界とも対立しているんですね。そこでスンナ派の強硬な人たちが、シーア派に対抗しサウジアラビアなどにまかせてはおけないとして台頭してきたのがＩＳなんです。

和田　結局、アメリカは一方ではイスラエルを支え、一方では

イラン核合意
２０１５年７月にイランと６ヵ国（米露中英仏独）による核問題に関する最終合意。イランにおけるウランの濃縮活動を一定レベル以下に制限。それに伴って過剰となる濃縮設備（遠心分離機）を削減することなどが取り決められた。同時に、イランへの制裁措置を段階的に解除することを約束。オバマ外交の勝利と言われている。一方、この合意についてイスラエルやエジプトは、イランがこのような約束を守るわけがないと反発。中東での新たな混乱の種となっている。

スンナ派に肩入れをしてきたわけです。イライラ戦争*のときも、イラクに加担したということで、スンナ派のほうがずっと御しやすいとアメリカは見ていたわけだし、石油利権も持っているから、一貫してスンナ派に加担してきた。そしてシーア派なのに石油を持っているからと独立してアメリカやイギリスを追い出したイランは目の敵にされた。ちなみにイランが独立した当時、アメリカの包囲網があるのに、唯一石油を買いに行ったのが出光鉱産なんです。

中田　出光の日章丸の事件ですね。

和田　そういう流れの中で、圧倒的にスンナ派が優勢な状況が長い間続いていて、イラクも軍事力では勝てないからおとなしくしていたんだけど、石油資本が弱ってきたり、サウジアラビアはアメリカの言うことを何でも聞く国だと思っていたらアルカイダが出たりと、今世紀のはじめからいろんなことが重なっ

イライラ戦争
イラン・イスラム共和国とイラク共和国の戦争で1980年から1988年まで続いた。アラブ諸国では第一次湾岸戦争とも言われ、アメリカのイラクに対する軍事援助によりサダム・フセイン大統領は停戦後も独裁政権を強化し、クウェート侵攻につながったとされる。

た。しかもアメリカの子分だと思っていたフセインみたいなヤツが、自分を誇示してアメリカの敵になったりしたから、かつてのようにアメリカはスンナ派の味方という状況が成り立たなくなってきた中で、イランが復活してくるのです。しかも北朝鮮の技術者を入れて核開発に成功*したというわけです。だから、ある意味ＩＳには、スンナ派の期待の星だという側面があるわけですよ。

中田　だからこそ未だに潰れないどころか、今も人がたくさん集まっているのです。

テロが戦争にならない大人の理由とは？

和田　トルコ・ロシア問題に関してですが、トルコとロシアは歴史的に見て仲が悪すぎますからね。トルコ軍によるロシア軍機撃墜事件*、たとえこれが誤爆だったにしても、トルコの大統

北朝鮮の技術者を入れて核開発に成功
アメリカは、イランが自国の核関連施設で高濃縮ウランの製造を進めているのは原子爆弾の製造を狙っているからだとして、経済制裁などでイランを国際的に孤立させる政策をとっていた。また、北朝鮮とのミサイル・核協力についてイランは否定している。

トルコ軍によるロシア軍機撃墜事件
２０１５年11月24日、領空侵犯したとして、トルコ軍がロシア軍機をシリアとの国境付近で撃墜。ロシアは領空侵犯を否定している。ロシア軍は、２０１５年９月末よりシリアに軍事介入している。

領がロシアにむざむざ謝る姿を見せることはないでしょう。

中田　あり得ないでしょうね。

和田　次の選挙で負けることを意味しますからね。プーチンにとっても、ここは「断じて許さない」っていう姿勢をとっておかないとならない。

中田　もちろんプーチンも、「我々が領空侵犯したのが悪かったです、ごめんなさい」とは言えないでしょう。

和田　彼の人気取りでもあるわけです。選挙で国の代表を選ぶ以上、どこの国も謝れないんです。

中田　ましてトルコには、オスマントルコよりもっと古いセルジュクトルコの時代から1000年の歴史と誇りがありますからね。

和田　だから、少なくても振り上げた拳が下ろせない状況が続くだけのことだというのが、私の予想なんです。

中田　そうですね。

和田　これは中国と日本、韓国と日本の関係だって同じですよ。仲は悪いけど、結局それ以上は悪化しない。先進国の場合は、戦争になれば、10人死んだくらいで厭戦《えんせん》的な世論が高まって、戦争を終えちゃうわけですよ。やはり基本的には、テロという手段が戦争の手段としてはとても便利だと、小国ならどこの国でも考えていると思いますよ。彼らのほうは彼らのほうで、まともな戦争をやったら戦争になるわけないんだから。

中田　一日で負けますからね。

和田　その点、テロは一日でできるでしょう。しかもテロには、相手国の経済を混乱させるという狙いも指摘されているんです。たとえばフランスであのテロ行為があと3回くらい起これば、パリに観光客が来なくなるでしょう。フランスは世界外国人観光客数ランキング第一位、年間9000万人弱の観光客が来ますからね。経済が壊滅的なダメージを受けるでしょう。

中田　そういう事実を俯瞰的に見れば、世の中のことがわかるんですよ。

和田　現実問題としてフランス軍は空爆するたび*に2500人くらい焼き殺しているわけですよ。それを130人死んだくらいで大騒ぎしないほうがいいんです。

――しかし、フランスがここまで過剰に反応するとは……

フランス軍は空爆するたび　2015年11月のパリ同時多発テロ以降、フランスは報復として、アメリカ軍と連携、空爆の規模を拡大した。

和田　理性のある国、と思われていたからね。それが今回の事件で、国民戦線が与党になりそうだっていう単細胞な国民なんだってことがバレちゃった。今回のテロは残念ながらフランスの完敗だと思いますよ。

中田　あれだけ移民を受け入れていたのに、もう移民排斥運動が起こっていますからね。

和田　9・11のテロのときでも、アメリカではノーム・チョムスキー*が「冷静になれ」と言ったんですが、今回のフランスには今のところ、大人の対応ができる人がいないんです。

――移民の受け入れは、今後どうなっていくと思われますか？

ノーム・チョムスキー（1928年〜）。アメリカの言語学者、哲学者。社会問題や平和問題にも積極的に発言し、9・11の同時多発テロでは、「反テロ戦争」を求める世論の高まりに対し「アメリカこそ世界で最悪なテロ国家。対テロを語る資格はない」と言う。

中田　本来であれば、ドイツなどでは憲法に難民は受け入れろとあるんです。フランスも普遍主義*を言っている以上、そうしなければいけないでしょう。しかし、どの国も100万人以上の単位だと音を上げてしまっています。

和田　中東ではどうですか。

中田　2015年秋現在、トルコには200万人の難民が入っています。ヨルダンなどは、あんなに小さい国なのに100万人が入っているんですよね。文句は言っているけど受け入れているわけです。

ですから私は、実際に受け入れられないのであれば、フランスは普遍主義などという看板はおろして謝るべきだと思います。そうして、彼ら自身が一つのローカルな文化でしかないということを自覚してもらうということです。

普遍主義
個別性よりも普遍性を重んずる主義。シラク元大統領はその大統領選などで「個々の違いを認めず、等しく人間として処遇する普遍主義こそフランス共和国の活力の源である」と主張した。誰でもがフランス語を話し、フランス式の衣食住を行うことで差別を内在化し、みな同じフランス人になれるということ。

和田　実際、受け入れられませんよ。

中田　そうでしょうね。今だってヨーロッパから続々と若者がＩＳに入っていっているということは、扱いが悪いからなのですから。

和田　受け入れられないどころか、今後は排斥運動も進むとなると、ＩＳに入ろうかなと思っている人はさらに増えるでしょう。

中田　増えるでしょうね、当然。

和田　だから、世界が過剰反応を起こして移民排斥運動をやればやるほど、ＩＳにとっては有利なんです。なぜなら、まず観光客が減り、ヨーロッパの株も下がります。実は、９・11のときにも、オサマ・ビン・ラディンの仲間うちで、株の空売りがあったという噂がありました。今回も、それをやって資金を稼ぐ可能性もあるわけです。

中田　ヨーロッパは、もう本当にどうしようもない状況です。アメリカでは、トランプ*が「ムスリムのアメリカ入国を全面的に禁止せよ」というようなことを言いましたが、もともとアメリカは国も大きいし、ムスリム人口はそんなに多くないのです。統計上抜け落ちている人もいるとは思いますが、せいぜい1、2%ですから、選挙であああいうことが言えるのでしょう。しかしヨーロッパには5%以上くらいいますからね。追い出すなんて、物理的にできないんですよ。だからこれから先、混乱するしかないんです。

日本へのテロ攻撃のリスクはどれくらい？

――ＩＳによる次のテロのターゲットは日本ではないかと危

トランプ
アメリカ大統領候補で、共和党の指名争いでトップを走る実業家のドナルド・トランプ氏。テロ対策としてイスラーム教徒のアメリカへの入国を禁止すべきだと主張した。これを受けてホワイトハウスは「アメリカ理念や安全保障上の利益に反する」とトランプ氏を批判した。

惧する声が高まっていますが。日本は大丈夫でしょうか。

中田　安倍内閣が集団的自衛権を通してしまったことで実際に狙われるようにはなったと思いますが、それにしても優先順位は低いでしょう。

和田　優先順位で言うなら、次はどの国や地域が危ない？

中田　もちろんヨーロッパ、アメリカですよ。そこに中国とロシアも入ってきた、これらの国は実際にＩＳと戦っていますからね。しかし、日本はムスリムをそんなに殺してないというか、イスラーム教を狙っているわけではないですからね。

和田　だから、余計なことをしなければいいのですよね。しかし、集団的自衛権が通り、おそらく、安倍内閣はアメリカに忠誠を尽くした顔をするでしょう。今後、援助要請とか30ヵ国の連合国でＩＳを叩こう、空爆をしようということになったら、日本も後方支援といえども形式的に参加しなければならないことになってきます。

中田　そうすると、向こうも何かしら報復しなければ、ということにもなるかもしれません。

――「次は日本だ」「仏像の多い京都が危ない」とか、もはや雑誌の鉄板ネタになっているわけですが。

和田　京都を攻撃なんてしないと思いますよ。ＩＳは、建前上は報復をするけれど、仏教徒との戦いを望んでいるわけではないでしょうから。ただ、やられたときに黙って見過ごす、という体をとりたくないんだとは思います。

中田　そもそも、イスラーム教徒は他の宗教にそんなに興味がないし、日本人にもあまり関心はないですからね（笑）。

和田　そこに我々の誤解があるんですね。我々はどうしても自分のものさしで考えてしまう。

中田　日本はテロがどこで起きるかなんていう無意味な予想をして恐怖感を煽るよりも、むしろ、年間3万人も自殺者がいる国であることをもっと危機に感じるべきなんですよ。

和田　そうですね。日本のほうが、はるかに若者が未来に希望を持っていない国なんです。その上、生活保護叩きもあり、飢え死にもかなりの数が出ている。テロを心配している場合ではないでしょう。

中田　確かに日本は生活しやすい国ではありますよ、清潔だし、人間はおとなしいし。しかし客観的に数字で見ると、日本はこの先もちません。一番の問題は人口構成ですよ。イランやエジプトのように平均年齢の若い国なら戦争もできますが、日本では無理でしょう。

和田 今、日本人の平均年齢*はほぼ50歳に近付いていますからね。子どもを産めない年齢層が半分を占めている。生物的にはあり得ない人口構成になっているんですよ。

中田 そうであれば、価値観自体を変えていかないことには、どうしようもないですね。

――ではこれから日本はどうしていったらいいのか。それをこの本で、たっぷりと語り合っていただければと思います。

日本人の平均年齢
2014年には約46歳。2030年には51歳になるとされている。

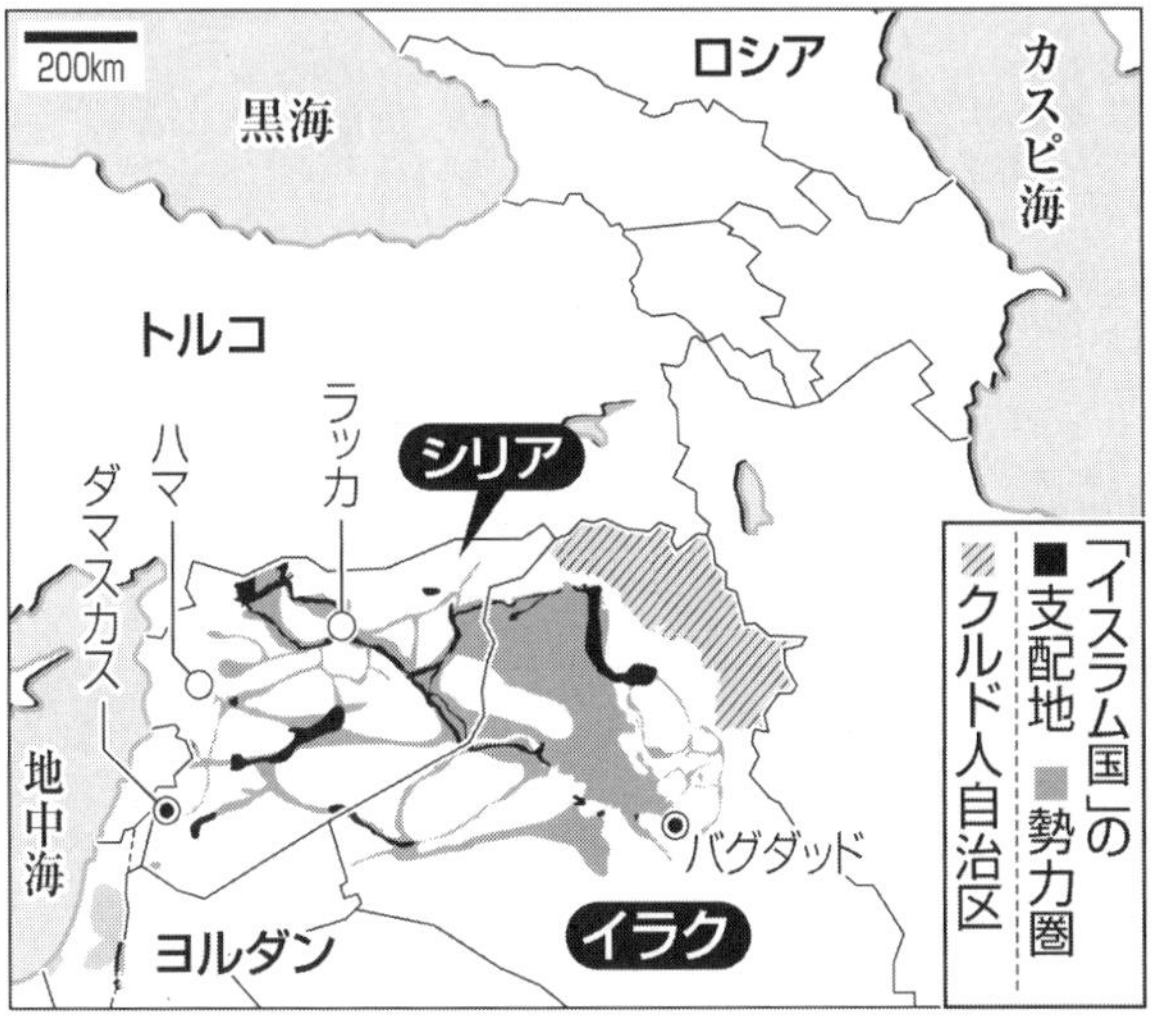

2015年10月時点での中東におけるイスラム国（IS）勢力図
〈提供：共同通信社〉

第1章

直接手をかけずに人を殺せば、残酷さを引き受けずに済むけれど……。

「安倍、勝つ見込みがない戦争に参加するというお前の無謀な判断により、このナイフは健二だけではなく、大勢の日本国民をたとえどこにいようと殺すことになるだろう」（2015年2月　後藤健二さんらしき男性が殺害される動画で流されたメッセージ）

「今はただ、悲しみ、悲しみで涙するのみです。しかし、その悲しみが『憎悪の連鎖』となってはならないと信じます。『戦争のない社会をつくりたい』『戦争と貧困から子どもたちのいのちを救いたい』との健二の遺志を私たちが引き継いでいくことを切に願っています」
（2015年2月 後藤健二さんの母・石堂順子さんのコメント）

目を閉じて、じっと我慢。怒ったら、怒鳴ったら、終わり。それは祈りに近い。憎むは人の業にあらず、裁きは神の領域。—そう教えてくれたのはアラブの兄弟たちだった。（2010年9月 後藤健二さんのツイートより）

「テロリストたちを決して許しません。その罪を償わせるために国際社会と連携してまいります。日本がテロに屈することは決してありません」
（2015年2月 後藤さん殺害を受けて安倍晋三首相のコメント）

そもそも非道とは何なのか？

――２０１５年２月、ＩＳに拘束されていた湯川遥菜さんと後藤健二さんの殺害映像*がネットに流れ、世界を駆け巡りました。首をナイフで切断するそのやり方に、日本の国民の多くがＩＳの非道ぶりを非常に身近なものとして感じたはずです。これは他人事ではないのだと。

和田　確かにあの動画は大変衝撃的でした。しかも、日本のテレビ局は、後藤さんが殺害される直前から、彼が２０１４年秋にシリアで自分を撮影したときの動画を持ち出して、「何が起こっても責任は私自身にあります」という彼のメッセージを日に何度も放送し始めました。一方日本政府は、「テロには屈しない」と言い続け、身代金請求に一切応じようとしなかった。

湯川遥菜さんと後藤健二さんの殺害映像
シリアのアレッポで過激派組織ＩＳとみられる武装集団に拘束された二人は、身代金および爆弾テロ実行犯の釈放を要求する犯行声明が出された後、殺害された。

そして湯川さん、後藤さんは殺害されてしまった。意識があるまま首を斬られるという映像がニュースでもネットでも流れ、子どもだって容易に見ることができました。国民は一気に、非道で残酷極まりないＩＳへの憎悪を募らせ、一方で日本政府は「自己責任」をひたすらアピールした。そして「こうした非道国家と闘うために、軍事力を持った普通の国家にならなければならない」と、安保法案可決への道へ進むきっかけをつかんだように感じます。

――湯川さん、後藤さん殺害事件の報道が、日本では安保法案可決へのマイルストーンになっていると。*

和田　「対テロ対策」が9条改憲の立派な理由付けになりますからね。多くの国民の怒りは、湯川さん、後藤さん解放の糸口を何も見つけられなかった日本政府に対してではなく、ＩＳの非道さへと向けられたわけですから。この事件の解決に向けて、

日本では安保法案可決へのマイルストーン
安倍首相は2015年1月25日のNHK番組内で「海外で邦人が危害に遭ったとき、自衛隊が救出できるための法整備をしっかりする」と自衛隊派遣を示唆する発言。その後に「人質事案と直接かかわることではない」と訂正している。

ＩＳとのパイプを持っている中田考氏という存在を日本政府があえて無視したことからも、日本政府が本気で身代金の2億円を用意しようと考えていなかったと言われてもしかたがないでしょう。

――中田さんは２０１５年1月22日に、日本外国特派員協会で記者会見を開きました。その記者会見で、事件解決のために、「ＩＳの支配地域に人道支援に限定する形で要求額と同額の資金援助をしてはどうか」と提案されました。しかしこの記者会見は、大きく報道されることもなかったし、日本政府は何の反応も示さなかったわけです。

中田　いまだ誤解されている部分も多いのですが、私はＩＳの代弁者ではありません。また、私のほうから誰かをＩＳへ行けと勧めたことは一度もありません。しかし、前にも言ったように、ＩＳという特殊な組織の出現の背景も知らないままに、ムスリム全体が、大変非道なことをするヤツら、というイメージを日本人全体が持ってしまったのは残念です。世界のメディアは、イスラーム教に対して誤解を生む報道を繰り返しているのです。

和田　僕が中田さんの話を聞いてなるほどと思ったのは、今回、首を斬る映像が何度も流れて、あまりにも惨《むご》たらしい、残酷なイメージをムスリム全体に植え付けたわけだけれど、実は彼らにとっては、首を斬るという殺害方法が、一番苦しまない方法である、という認識があるということです。誤解を恐れずに言えば、つまりイスラームでは、戦時下においても敵がいかに苦しまないように殺してやるかを考えているというわけです。一方で、欧米の人たちは今、戦争をどのように考えているかというと、自分たちがいかに直接手を下さずに、それを目撃せずに済むか。その殺し方が一番いい、という考え方になっているのです。自らの残酷性を引き受けたくないわけですよ。相手がどんなに苦しんでいるかを思う前に、自分たちには見えないようにして、相手に死んでもらう。自分たちが殺したのかどうかの自覚、罪の意識を薄めるためにです。

中田　アメリカが日本に落とした原爆がその第1号だと思いますよ。

和田　上空から爆弾を落としたわけですからね。下（地上）では阿《あ》鼻《び》叫喚《きょうかん》の地獄絵図が繰り広げられているのに、上から落としている側は、「やったぜ。これでアメリカが勝ちだ」と快《かい》哉《さい》を叫んでいたのですから。そして、*戦後70年経った現在でも、アメリカ人の56％が「日本に原爆を落としたのは正解だった」と言っています。それに対して、日本政府が抗議したという話は聞こえてきません。なぜ安倍さんは黙っているのでしょう。もし今、日本人の56％が「南京大虐殺は正しかった」なんて言ったら、中国はすぐに報復措置に出るでしょう？

戦後70年経った現在でも、アメリカ人の56％が「日本に原爆を落としたのは正解だった」
アメリカの大手民間調査機関ピュー・リサーチ・センターが2015年4月に発表。アメリカ人の56％が日本への原爆投下について「正当（Justified）」と答え、「不当（Not justified）」と答えた人は34％だった。年代別には若年層に「不当」の回答が多かった。なお、原爆投下に関する米国での過去の主な世論調査では、1945年（ギャラップ社）支持する：85％　不支持：10％、1965年（ハリス社）賛成：75％、1971年（朝日新聞・ハリス社）戦争終結のためやむを得なかった：64％　間違いだった：21％、などとなっている。

中田　何が残酷なのかということで言えば、ムスリムの価値観では、火を使った人殺しのほうがよほど残酷なわけです。さっき和田さんが「阿鼻叫喚」という言葉を使ったけど、阿鼻叫喚というのはもともとサンスクリット語が由来で、猛火に焼かれる責め苦のことを指した言葉です。

たとえば空爆で殺すとか、ナパーム弾*などで人を無差別に殺めるということが「阿鼻叫喚」なのです。しかも、原爆のように自分がその現場を見ていないから、その残酷さに気が付かないで済むじゃないですか。今、アメリカなんかは特に攻撃は全部ロボットにさせて、その殺戮シーンを自分たちも見ないという戦争の仕方をしていますからね。個人がナイフ一本で人の首を斬るのと……どちらが残酷なのか。人それぞれの価値観なのかもしれませんがね。

イスラーム法の根拠となるハディース*という預言者の言行録には「イスラームは何事にも最善を尽くすように命じている。殺

ナパーム弾
アメリカ軍が開発したナパーム剤を使用した焼夷弾。高温で焼尽、広範囲の破壊が可能。ベトナム戦争でナパーム弾による空襲を受け、裸で逃げ惑う9歳の少女の写真（「ナパームの少女」）がその非道を物語っている。湾岸戦争（1990～91年）での使用で非人道的な兵器であるという議論が高まり、2001年までに米軍からはナパーム弾は廃止・処分されている。

ハディース
預言者ムハンマドの言行を弟子たちが書き留めたもの。イスラームの戒律の根拠は、すべて預言者ムハンマドによって伝えられた神の啓示の書である『クルアーン（コーラン）』と『ハディース』に基づいており、これらの総体を「シャリーア」（P86参照）という。

すときにも最も苦しまない方法で」と明文化されているんです。

和田　つまり、頸動脈を斬ることがハディースにおいて一番楽に死なせる方法だと。

中田　正確に言うとそもそもこれは動物の屠《ほふ》り方であり、人間の処刑法の基本は、昔の日本のように一刀のもとに首を切り落とす斬首なのです。

世界から「欲望の制御装置」が失われていく時代

和田　中田さんは今まで、イスラーム教についてたくさんの良書を出版されてきましたが、今回は、イスラーム教についてだけでなく、もっと大きなテーマを視野にして語っていきたいと思います。その一つが、残酷とは何か？　ということを含めた「非道国家とは何か？」ということ。今のメディアは、残酷な行為をした人間や国家を野蛮だとか非道だと表現をして下に見るわけだけど、本当の意味での残酷とは何かということは、一度考えたほうがいいんじゃないかと思ったんでね。
それから、今の日本を考えるにつけ、社会というのは何らかの形で「欲望の制御装置」が必要ではないかと常々思っているので、それについても語りたいのです。むき出しの資本主義というのは、実は米ソの冷戦が終わってからが顕著になっているんですよ。どこの国でもそうした傾向が見られます。

中田　欲望の制御装置？　つまり和田さんは、人間の欲望というのは、何か歯止めがなければどんどん暴走し続け、人のものさえ奪うようになる。だから、社会が成り立つためには、欲望の膨張を止めるための何らかのシステムが必要だと考えているというわけですね。

和田　その通りです。人間というのは、自由であればあるほど、欲望が膨らみ続けます。とめどもなく金を欲しがるし、力を欲しがります。企業のトップや、国家の権力者が、力を持った途端に暴走し始めるのもそのためです。それでも、ソ連崩壊*以前は、金や権力を持つ人間があまりにも目立った搾取をすると、どこの国でも労働組合が反権力として立ち上がったり、共産主義政党が強くなったりして、それにかこつけてソ連が介入してくるという脅威が存在しました。だから昔の共産主義というのは、「欲望の制御装置」として働いていた一面があるのではないでしょうか。

中田 その通りですね。もっとも、現在の共産主義国というのは、いわゆるマルクス=レーニン主義国家*とはまるで違うところにきてしまったように思いますが。

和田 そうなんです。共産主義が実質上機能しなくなった現代に、何が「欲望の制御装置」として最も機能しているかと言え

ソ連崩壊
東西冷戦の終焉を示すできごと。1985年ミハイル・ゴルバチョフがソ連共産党書記長に就任。ペレトロイカ（社会主義の範囲での自由化・民主化）とグラスノスチ（情報公開）政策を進め、1988年、「新ベオグラード宣言」にて東欧各国へのソ連共産党の指導性を否定した。1991年8月、守旧派のクーデターにより監禁され、釈放されたゴルバチョフはソ連共産党の解散を宣言。同年12月、各共和国が主権国家として独立。ゴルバチョフはソビエト連邦大統領を辞任しソビエト連邦は消滅した。

マルクス=レーニン主義国家
カール・マルクス（1818〜83年、ドイツ）とフリードリヒ・エンゲルスによって展開された思想

ば、それはもしかすると、イスラーム教じゃないのかと思うんです。キリスト教も仏教も資本主義の渦の中に巻き込まれてしまったので。

中田　確かにイスラームには、生活の中にたくさんの戒律があります。戒律というのはつまり、人間の欲望を制御するためのものですからね。たとえば、私たちムスリムが「酒を飲まない」ことは日本でもよく知られたことですが、これは慣習ではなくて、クルアーンの教えによるものなんですよね。

和田　クルアーンというのはコーラン、つまりイスラーム聖典のことですね。

中田　イスラームの戒律の根拠は、すべて預言者ムハンマドによって伝えられた神の啓示の書であるクルアーン（コーラン）と、ムハンマドの言行録であるハディースに基づいているんで

を、第二次ロシア革命の指導者であるレーニン（１８７０～１９２４年）が正しく継承していることを示すもの。レーニンの死後、スターリン（１８７８～１９５３年）によって提唱され、定式化されてロシア革命の指導理念となった。
マルクスは、社会の発展について「資本主義の下での文明の発展」↓「少数の資本家が労働者から搾取する構造（植民地をめぐる紛争も含む）」↓「労働者革命によって社会主義が起こる（プロレタリアート独裁）」↓「資本を社会の共有財産にする理想の共産主義社会が成熟する」という流れを想定した。

す。

和田　「飲酒禁止」はどのように書かれているのですか？

中田　飲酒の禁止は、クルアーンでは段階的に啓示されています。最初は「飲んでいるときに礼拝に近付いてはならない（4章43節）」とあり、最終的には、「飲酒は悪魔の業だから避けよ（5章90節）」となって、段階的に禁じられているんです。

和田　中田さんは東京大学イスラーム学科の一期生のときにそれらの戒律に触れ、入信したんですよね。だけどそれから30年経った今でも、東京大学イスラーム学科出身でムスリムになったのは中田さんただ一人なんだそうですね。

中田　私がムスリムになったのは、1983年、大学四年生になる前の春のことです。当時は冷戦時代でソ連の存在感があったし、冷戦時代特有の緊張感というのは、日本人はみんなすごく感じていたと思います。

和田　１９８３年、僕らは22歳でした。ソ連はその前年の１９８２年にブレジネフ体制*が終わりを告げて、その後、アンドロポフ、チェルネンコが書記長になりましたが、どちらもすぐに死んでしまって、ソ連は不安定になり米ソ間で核戦争の危機を迎えていた頃です。だからある意味、メディアを通して、ソ連の存在感はすごく大きかったんですよ。

中田　私がムスリムになったことについては、特にドラマティックな理由があったわけではないんですよ。東京大学に入学した当初から、キリスト教かイスラーム教か、どちらかを極めようという考えは持っていて、そのときにタイミング良くイスラーム学科ができたということもありました。いろいろ勉強をしていくと、ユダヤ教、キリスト教と比べて、一神教*の論理を考

ブレジネフ体制
レオニード・イリイチ・ブレジネフがソビエト共産党第一書記に就任した１９６４年から82年11月に死去するまでのソ連統治の時代。スターリンに次ぐ長期間にわたってソ連の指導者として君臨し、軍事や外交面では国際社会での発言力・影響力が最大となったが、内政での無策が経済の停滞を招いたとされる。

一神教
ただ一つの絶対的存在を神として信仰する宗教。ユダヤ教ではヤハウェを、キリスト教では「父なる神」を、イスラーム教ではアッラーを絶対神としている。対して崇拝する存在が多数いる宗教は多神教と言われ、日本の神道やヒンドゥー教などがある。

えたときにイスラーム教が一番論理的に完成されているように思えたのです。そういう選択肢があるというのは、すごく重要なことですよね。今は、それすらなくなってしまっているわけだから。当時、共産主義が国民の欲望を制御していたからこそ、ソ連という国家は日本人の目にも脅威に映っていたのです。たぶん、アメリカよりも脅威を感じていたでしょう。そして今は、仏教とキリスト教が主流である国が次々と拝金化していく中、その「欲望の制御装置」的なものとして、イスラーム教くらいしか有効に機能していないのです。

グローバリズムとナショナリズム

和田　それと、昨今盛んに言われるようになったグローバリズムという問題についても言及したいです。グローバリズムか、それともナショナリズム重視か？　この選択でいくと、日本の場合はＴＰＰでも集団的自衛権でも何かにつけて、グローバリズム第一主義だから、諸外国と足並みを揃えていかねばならぬというのが政策の大前提となっています。

中田　その割に、中国や韓国に対してはナショナリズム*優勢になっているんです。

和田　グローバリズム思想とナショナリズム思想で自己分裂しかけているのが、今の日本の精神構造なんですよ。僕はナショナリスト*だから、この点は非常に危惧しています。ここが一番中田さんと考え方が違うところなんだろうけれど。

中田　和田さんって、ナショナリストだったの（笑）？

和田　そうですよ、だって僕は、自分が生まれ、日々暮らしているこの日本という国が大事ですから。貧しい同胞が飢えるようなことがあってはならないと思っているし、そのほうが国全

ナショナリズム
国家主義、愛国主義、国粋主義、民族主義、国民主義などと訳される。

ナショナリスト
文化的な民族意識を共有する人達が政治的にも自主独立を勝ち取り、保持するべきだという主張や活動をする人々。ゆるい意味では「愛国心を持った人」を指すこともあるが、他の国家や民族と対立感情が顕著になりやすいとも言える。

体の消費が増えるから、税制に関しては*累進《るいしん》課税を厳しくしたほうがいいと思っているし、*税金が高いから海外へ逃げていく金持ちには重い罪を課するというアメリカ方式にしたほうがいいと思っています。また、高齢者の消費を促し、若者の税金を減らすために、相続税については100％にすべきだとずっと前から言い続けているんです。だけど、そういう僕の発言に対して、「和田は共産主義者だ」と揶揄《やゆ》するヤツが必ず出てくるのですが……それはまったく文脈が違うわけで。要するに、母国より自分の金を大切にして預金する人たちが許せないだけなんです。

中田　そういう意味では、和田さんの考え方はむしろムスリム的でもあります。イスラームでは、そもそも私腹を肥やして自分の子孫に残そうという発想がないのです。

和田　自分と血のつながっている人間だけが経済的に救われれ

累進課税
所得が増えれば増えるほど、より所得税率が高くなっていく課税方式。

税金が高いから海外へ逃げていく金持ちには重い罪を課する
アメリカは世界でもっとも納税者に厳しい税法を持ち、海外の金融機関に1万ドル以上の資産を有する場合は、ＩＲＳ（内国歳入庁）への報告が義務付けられている。これを怠り、運悪くバレた場合は悪質な脱税と見なされ、口座残高をはるかに上回る罰金を科されるばかりか、訴追されて投獄されることもあり得る。

ばいい、という発想がないということですか？

中田　そうです。イスラームには、ザカー*（浄財）という教えがあるのです。自分よりも貧しい人に施しをしなければならないという教えです。たとえばラクダを100頭所持していたとしたら、一年間にそのうちの何頭かを貧しい人に喜捨《きしゃ》しなければならない、という戒律があるのです。お金ならば、一年間自分が持っていた額の２・５％を喜捨しなければならないという義務があります。

和田　その喜捨の義務を果たさないと、法的に罰せられるのですか？

中田　この世で刑罰を与えられることはありません。だけど浄財の義務を怠ると、来世で神に罰せられるとムスリムは考えます。イスラーム法は、基本的には神様と個人の問題。人間に報

ザカー（Zakah）
貧しい人を助けるための義務的な施し、または浄財。イスラーム教の五行の一つ。経済的にある一定以上の蓄えがあるムスリムは、年間の資産の一部を喜捨しなくてはならないとする。また、ザカーはできるだけたくさん払うのが望ましく、神からの報酬も高くなるとされる。

酬を与えたり罰したりできるのは神様だけだと考えているのです。

和田　つまり、イスラーム教では、神が絶対的な「善」なんですね。

しかし日本やアメリカでは、もはや資本主義的な価値観が、絶対的な「善」となってしまいました。先ほど話した、何が残酷で何が残酷でないかということも含めて、資本主義的価値観が、社会のすべてを支配するようになってしまったのです。

中田　日本という国はそもそも清貧の思想がある国だし、金を儲けることはどちらかというと卑しいと言われていた国。かつては日本にもノブレスオブリージュ*の精神があって、伊藤博文にしても大久保利通や山縣有朋にしても、ほぼ私腹を肥やしていません。なのに、社会が資本主義一辺倒になってしまったのは、冷戦崩壊後あたりなのでしょうか。

ノブレスオブリージュ
貴族の義務。財産、権力、社会的地位の保持には責任が伴うという意味で、富裕な人・権力者は自発的に無私の行動をより多く行い、社会の模範となるように振る舞うことを求める心理。

和田　おそらくそうでしょう。日本で言えば、バブル経済が始まってからですよ。日本人は、金さえ持っていれば世の中はなんとでもなるという間違った価値観に走ってしまいました。そして、バブルが弾けたあとでも、その価値観は残念ながら否定されることはなかったのです。むしろその時期に冷戦構造が終わってしまうことで、「欲望の制御装置」がなくなってしまい、勝ち組・負け組といった言葉が浸透するようになっていきます。

中田　いやな言葉ですよね。

和田　経済的に勝てなかったヤツは、人生の敗北者であり、それは自己責任だという風潮が蔓延しましたね。自己責任だから、富裕層が貧困層を気にかける必要もないという前提で、さらに格差社会を生んでいったのが小泉政権時の構造改革です。わかりやすい例で言うと、片山さつき氏*が引用したケネディ大*

片山さつき
（１９５９年～）。自由民主党所属の参議院議員、憲法審査委員。２０１２年の自民党改憲草案に関連して「@taiyonokokoro 国民が権利は天から付与される、義務は果たさなくていいと思ってしまうような天賦人権論をとるのはやめよう、というのが私たちの基本的考え方です。国があなたに何をしてくれるか、ではなくて国を維持するには自分に何ができるか、を皆が考えるような前文にしました！」とツイートした。

ケネディ大統領の就任演説
ジョン・F・ケネディ（１９１７年～63年）は１９６０年11月８日第35代大統領に当選。就任演説は１９６１年１月20日。くだんの内容は「また同胞である世界市民の皆さん、アメリカがあなたのため統領の就任演説がそうです。「国が自分に何をしてくれるかより、自分が国に何をできるかを考えよう」という言葉を、意図的なのか単に頭が悪いからなのかはわからないが、片山議員は「福祉に頼るな」という意味で使いました。しかし、実際はまったく逆の意味なんです。

中田　ああそうですね。ケネディのこの演説は、実は富裕層向けの演説だったはずです。

和田　当時、共産主義の嵐が吹き荒れていたからこそ「金持ちがもっと税金を納めて貧困を撲滅しないと、アメリカも共産主義国になっちゃうよ」と警鐘を鳴らしたわけです。

中田　確かに、真の共産主義があった頃は、あまりに金持ちが非道な搾取を行うと、ヨーロッパではフランスでもイタリアでも、共産党が政権与党に入って、民営会社が国有化されたりし

に何をしてくれるかではなく、人類の自由のために共に何ができるかを考えようではありませんか」というもの。(The John F. Kennedy Presidential Library and Museum ウェブサイトより)

たことがありました。当時のルノー*などがいい例ですね。

和田　だから当時は、あまり金持ちばかりが得をしないように累進課税がけっこう厳しかったのです。金持ちがあんまり強欲なことをしていると、自分たちの財産がいつ没収されるかわからない。ヘタすると、共産主義政権に自分の国がなってしまうと、それまでエグイことをやってきた金持ちが死刑になることだってあるという危機意識があったわけです。

中田　ところが今、多くの国では、金持ちがどんなに悪いことをしたところで自分たちの財産が没収される心配もなければ、国が共産主義化する心配もなくなりました。そこで欲望の制御装置が崩れてきているというわけです。

和田　だから、格差社会化というのは日本だけの問題ではなくて、世界中の問題なのです。不景気の理由について、ほとんど

ルノーなどがいい例
第二次世界大戦後、パリに本社を置く自動車メーカーのルノー社はド・ゴール将軍の行政命令によって国有化され「ルノー公団」となった。現在も、フランスが株式の約15％を保有している。

の国で人口の高齢化とか少子化を言い訳にしています。もちろんそれも一因だけど、その前提として、同じＧＤＰ（Gross Domestic Product 国内総生産）の国で金持ちに富が集中すれば、消費が減って景気が悪くなるのは当たり前の話なんです。だけど、そこはほとんど論じられていない。儲ける人間が自分の欲を満たそうとするのは当然であって、さらに金持ちの税金を減らせ！ という圧力が今、かかっているわけです。*金持ちから税金を取りすぎると、金持ちが海外に逃げちゃうという理由からです。

中田　現に、本社を税率の低い別の国に移している日本企業はたくさんあります。日本で稼いでおきながら、日本に税金を納めたくないっていう経営者がたくさんいるのです。

和田　その一方で、２０１１年の厚労省の統計によれば、日本での年間の餓死者数は１７４６人もいます。*つまり、一日に５

金持ちの税金を減らせ！ という圧力
子孫への結婚、出産、教育用の資金贈与が限度額付きで非課税、住宅取得への贈与額の非課税枠の拡大、さらに少額投資非課税制度（ＮＩＳＡ）では、子どもや孫の名前で口座開設ができる「こども版」を作って非課税枠を拡大するなど、２０１５年度税制改正大綱は富裕層ほど得する税制の創設や拡充がどっさり。

日本での年間の餓死者数は１７４６人
厚生労働省発表の『人口動態統

人近くが餓死している計算になるのです。それなのに、生活保護法を改悪しようとしているんだから、呆れてものが言えません。

イスラーム教徒は餓死しない⁉

中田　もう一つの問題は、そうやって資本主義の犠牲になったとき、世論によって自己責任論で片付けられてしまうことです。メディアもそういうもの言いをするでしょう。

和田　僕が精神科医として腹立たしいのはそこなんですよ！健康でお金を持っている人間ほど、働けないほどのうつ状態の人のことを想像できないのでしょう。そして、たとえば働けなくて生活保護を受けている人が、ちょっと旅行に出かけたり、外食をしたり、映画を観たりしているところを目撃すると、「アイツは生活保護のくせに贅沢をしている」と噂をばらまい

計』の死因小分類によると、２０１１年に「食糧の不足」による死亡は45人、「栄養失調」で死亡した人は１７０１人となり、合計１７４６人となる。餓死者は、太平洋戦争直後の食糧難の時代から高度成長期をへて激減したが、１９９０年代より増加が見られている。

たりするのです。

本来、生活保護というのは健康で文化的な最低限度の生活（日本国憲法第25条）が送れる金額でないといけないのに、「頑張ってないヤツらのために、我々の税金から渡す必要があるか！」という不満をぶつけ合っているんです。ちょっと待ってくれよ、と言いたい。そこを怒る前に、日本政府がどれだけ税金の無駄遣いをしているかを見なくちゃいけないんじゃないかということなんですよ。

中田　つまり、負け組の人たちは自己責任なんだからしかたない、という価値観が今の日本に蔓延していると。

和田　極端に言うと、隣に住んでいる人が、どんなに酷い死に方をしても平気。たとえ隣人が餓死をしていたって、自分の至らなさを責める人なんて今の日本にはほぼいないんじゃないでしょうか。

中田　我々ムスリムには、「隣人が飢えているのに満腹して眠る者はムスリムではない」との預言者ムハンマドの言葉があるのです。だから、少なくても飢え死にする人間というのはイスラーム社会にはまずいません。

和田　それがすごいと思っているところです。イスラーム社会のほうが日本よりよっぽどセイフティネットが働いているわけです。

中田　ラマダーン*（断食月）のときは、１ヵ月間ずーっと、夜になるとモスク（イスラーム教の礼拝堂）で食べものを配ります。

和田　ラマダーンになると、本当にどんな人でもそれを食べることができるのですか？

ラマダーン（断食月）
ラマダーンとは、イスラーム暦の９番目の月。サウムと呼ばれる断食の義務は、イスラームの五つの義務である「五行」の一つで、断食によって世俗的な欲を捨てることで、よりいっそう神への献身と奉仕に没頭できるようにするのが目的。ラマダーンの約１ヵ月間、日の出前から日没までほとんどのイスラーム教徒が飲食禁止になり、日が沈むと解禁になる。ただし、妊婦や授乳中の母親、病人は断食をしなくてもよいとされている。

中田　そうです。ラマダーンのときだけでなく、モスクというのは、キリスト教の教会堂や仏教の寺院のようなメンバーシップ制ではないから、誰でも自由にモスクに入っていって、そこにあるものを食べることができるのです。日本にあるモスクも、基本的に誰でも受け入れているはずです。

和田　そのラマダーンにかかるお金は、つまり運営資金は、誰が出しているのですか？

中田　みんなでです。和田さんの考え方とは違いますが、そもそもイスラーム社会は国家組織に帰属していないから、国家が税金を取って再分配しているわけではないのです。みんなで出し合うのが基本。お金持ちはたくさん出すし、お金のない人は少しずつ出すというふうに。

金と自由。非道な欲望を作り出すシステム

――フランスの「シャルリー・エブド」*の事件があったとき、フランスの若者がヨーロッパの若者の中でISに一番憧れているという記事を読んだ記憶があります。「自由原理主義のようなフランス人が、その自由原理主義に疲れてきたのではないか」みたいな書き方をしていたんですが。

和田　それは一理あると思いますね。今、我々が「絶対善」としているのは「資本主義」と「自由」、そして「民主主義」の3つなんです。まず資本主義には「金儲けがうまい人ほど偉い」という価値観がある。それはもう税金という制限をかけることすらダメという発想なわけですよ。先ほどから言っているように「金持ちからたくさん税金を取ると国の活力がなくなる」なんてことが公然と言われるわけです。それどころか政府は、「金持ちから高い税金を取ると国から出ていってしまう」

「シャルリー・エブド」の事件
2015年1月7日、フランスの風刺週刊新聞「シャルリー・エブド」の編集部に、覆面をしたテロリスト2人が侵入し、編集長やイラストレーターら12人を射殺。2人は、犯行時に自分たちがテロ組織アルカイダに属することを明かし、「アッラーは偉大だ。おれたちはシャルリー・エブドを殺し、預言者ムハンマドの仇をとった」と叫んだと報道された。

という理由で累進課税を推進しません。それによって金持ちが、貧しい人が飢え死にするのを見て見ぬふりをして国を捨てることが正当化されています。私に言わせると最低の非国民ですけれど。

そして、自由度が高いほうが優れた国であるという価値観。だけど、宗教的な対立を含めて、人間というのは何かしらのルールがないと、実は生きていくのがつらい、ということが起きやすいのです。だから一部のフランス人の若者が、自由というものに生き苦しさを覚えてＩＳに憧れるというのもあるかもしれないですね。

――日本人の場合はどうですか。

和田　だから日本の場合は、「道徳教育」という名目で法律以外の戒律を作ろうとしているじゃないですか。だけど、日本という国は先進国では唯一、*「性器を見せてはいけない」という

「性器を見せてはいけない」

ことが法律（実際は判例ですが）になっていながら、肌の露出を禁じたイスラーム法についてはやりすぎだと思っているんです。結局、どんな戒律を求めているのか、程度問題だと言うならば、どのレベルがいいのか日本人自身がよくわかっていない状態です（笑）。

中田　程度問題でしかないものを「あるか・ないか」とか「良い・悪い」の話にしがちなのが日本人の特徴です。そもそも完全な自由なんてどこにもないのに……。制限がないものが自由であるというだけの話なんですよ。でも、戒律に慣れてしまうと、制限されていること自体、感じなくなるものなのです。

――自由と金銭感覚。この点で、日本人とムスリムが決定的に違うのはどんな点でしょうか。

中田　金銭感覚は、むしろ世界的に見て日本のほうが特殊です

日本では「公然猥褻」や「猥褻物頒布」等の罪に該当するが、いわゆる「被害者なき犯罪」の一種として実際の取り締まり基準はあいまいで警察の裁量の範囲とされる。アメリカでは通常のポルノグラフィにおいて性器を見せるのは憲法で保障されている「表現の自由」の範疇に入るが、「猥褻（obscenity）」と「児童ポルノ（child pornography）」は規制の対象。その判断には「ミラー・テスト」という基準が適用されている。

よ。非常に貯蓄性向が高いでしょう。死*んだときの個人の貯蓄額は、世界で例を見ないほどですからね。

和田　まあ、かなり異常な感覚ですよね。日本は借*金大国だけど、仮に個人の預貯金を全部回収したら、国の借金はみんな返せちゃうわけです。

中田　とにかく貯めておきたい国民性なんですね。一方のムスリムは、資産は基本的に生きているうちに全部使っちゃう。だからといって、アメリカ人のように物欲に駆られているわけではありません。アメリカ人の場合はクレジットカードで借金してでも買い続けるけど、ムスリムは基本的に手元にあるものを使い果たして人生を終わらせるという考え方なので、ものを大事に使います。

和田　それは全然違う感覚ですね。

死んだときの個人の貯蓄額
総務省の家計調査（２０１２年調査）によれば、２人以上の世帯では年齢が上がるに従って貯蓄の現在高が多くなり、60歳以上の世帯の純貯蓄額は２３２５万円である。そのまま貯め込んで死亡時の預貯金は３０００万円を超える場合も多いと言う経済学者もいる。

借金大国
日本の借金は２０１５年３月末時点で１０５３兆３５７２億円（財務省）。２０１４年の債務額対ＧＤＰ比は２４６・42％と日本が世界一、以下、ギリシャ：１７７・19％、ジャマイカ：１４０・64％、レバノン：１３４・41％、イタリア：１３２・11％、などとなっている。政府が保有する金融資産（年金積立や外貨準備など）を差し引いた純債務でも対ＧＤＰ比１

中田　資本主義というのは、新しいものを次々に作って売るために、もともとなかった欲望を無理やりにでも作り出さないといけないのです。その金銭感覚が、精巧に資本主義社会のシステムの中に組み込まれているんですよ。

和田　20世紀の物質文明というのは、ある時期までは自動車が出たり、家電製品が出たりという、「わかりやすい利便性」という形で企業が欲望を作り出していたわけですが、ある時期から欲望が変質してきたのだと感じますね。さまざまな商品が開発され、一定の利便性が満たされました。ある意味、モノを作り尽くしちゃったということもあるのかもしれないけれど、やはり１９９０年代に金融資本主義が出てきてからの欲望の作り出し方が酷くなっていますね。「カネが増える」から「カネを増やす」欲望に変わってしまったわけです。

27・34％と、財政破綻しているギリシャについで大きな数字。

コマーシャリズムの目に見えない非道

中田　そういった、ない欲望を作り出すシステムが、非道なコマーシャリズムが生まれる土壌になっているんですよね。

和田　そうです。資本主義社会には、目に見えない非道というのがいくらでも転がっています。特に、日本は世界でも最たるレベルでコマーシャリズムがロクなことをしていない国だと僕は思っています。

中田　他のものとの差異それ自体が記号として欲望の対象とされる、数字でしかない金額の差への欲望は、その究極の姿なんですよ。

和田　たとえばWHO（World Health Organization 世界保健機関）が「お酒の広告をやめよう」*という勧告を出しても、日本

お酒の広告をやめよう
「アルコールの有害な使用を減らす世界戦略」2010年5月WHO第63回世界保健総会で採択。酒の小売りをする日や時間の規制、イベントでの販売規制、広告の内容、量、メディアの規制、公共の場での飲酒対策、飲み放題、値引き販売の禁止や制限などを提案している。すでにフランスやスウェーデンではほとんどの酒類のテレビ広告を法律で禁止。オーストリアやスペイン、フィンランドでは、度数が高い蒸留酒などが禁止対象。このほか酒類メーカーがスポーツや文化イベントに協賛するのを禁止する国もある。

だけは従わない。広告によって酒の売上が上がり、その結果アルコール依存症やアルコール関連死が増えても「自己責任」なわけです。ダイエット商品だって同じ構図ですね。「若い女性は痩せていなければ価値はない」というテレビの圧力に、どれだけの少女が苦しめられているか。摂食障害になる若い女の子はちっとも減らず、年に100人もの人が餓死に近い形で死んでいます。さらに、思春期の低栄養は仮にローティーンであっても子宮の発達を悪くするので、少子化問題はそれと決して無縁ではないのに、日本はそこを取り締まる気はまったくありません。フランスでは痩せすぎモデルを雇用すれば罰金になるという法案が可決されたというのに。*

――ダイエット食品業界の売上って出版業界の売上の何十倍ですからね。

和田　そうやって、痩せすぎが素敵だという歪んだ美意識を煽

フランスでは痩せすぎモデルを雇用すれば罰金になるという法案
「痩せすぎ」とみなされるモデルを雇用するモデル事務所に6ヵ月以下の禁錮刑と7万5000ユーロ（約980万円）以下の罰金が科される可能性がある。また、「過度の細さ」を扇動した者に対し、1年以下の禁錮刑と1万ユーロ（約130万円）以下の罰金を科す修正法案も可決されている。（2015年4月3日AFP）

られて拒食症で死んでいくのはほとんど若い女性なんだけど、それが諸外国より多いくらいなのに日本では規制を一切やろうとしない。そういうコマーシャリズムに乗って拒食症になっちゃった人が、どれだけ死んでも「自己責任」なわけです。それは、もう残虐非道以外の何ものでもないわけです。

中田　そういう意味では、実は昨今のイスラーム社会もほとんど変わらない状況にはなっています。資本主義のコマーシャリズムが蔓延していて、どんどん拝金主義になってきているのは事実です。個人や地域社会のレベルでは、イスラームの教えというのは生き残ってはいるけれど、国家レベルになってくると、全然イスラーム教ではなくなってきています。コマーシャリズムがその筆頭かもしれません。

和田　確かに、中東において一番親米*であるエジプトなんかを見ているとそう感じますね。

親米であるエジプト
もともとエジプトはアラブ諸国の

中田　それもこれも、欧米や日本のメーカーが進出してきてからですよ。

和田　そしてイスラーム的な発想を持っている人たちが減ってきて、「金こそすべて」という拝金主義的な発想に移ることで、むしろ未開人から文明人になったかのような思い込みをさせられているわけですね。

中田　だから、イスラーム圏内でお酒が飲める国に行くと「この国のムスリムは穏健だ」とかいう話になるんですよ。そもそもイスラーム教は、個人で飲んでいる分にはあんまり干渉しないんです。ただ、外での飲酒を固く禁じているだけで。

和田　家の中で酒を飲んでいるのをわざわざ探ったりはしないのですね。

中心で、アラブ諸国を統合する役割を持っていたが、アメリカはアラブ諸国の分断を図ろうと、エジプトやサウジアラビアに巨額な援助金とアメリカ製兵器の供与で、親米国家に変えていった。そしてアメリカは１９７９年アラブ国家では初めてエジプトとイスラエルに平和条約を締結させる。しかし、親米の大統領として30年あまりの長期独裁政権を握ってきたムバラクは２０１１年にチュニジアで起こったジャスミン革命の影響を受け、国民による大規模デモによって退陣している。

中田　そこまで厳しい縛りはありません。だからといって、お酒の広告をするなんていうのはとんでもない話です。しかし、本来、お酒というのは、どの宗教だって害毒だとして規制していますよ。祝祭のときなどに嗜《たしな》むものであって、日常的に飲むものではなかったわけです。依存性も強いですし。

和田　つまり、依存性が強いものを禁止するというのは、国が滅びないための先人の知恵なんですね。麻薬もギャンブルも同様で、依存性が強いものは禁止しておかないと、その国の人間がちゃんと働かなくなるし、病的な人間がいっぱい出てしまうから国力が下がります。

中田　20世紀最大の歴史家トインビー*が『試練に立つ文明』という著書の中で面白いことを述べています。「イスラームは西欧社会に二つの大きな貢献ができる、一つは精神的なもので、

トインビー
アーノルド・J・トインビー（1889〜1975年）。イギリスを代表する歴史家。大変な親日家であることでも知られ、1960年代から70年代にかけて日本人に人気があり、多くの著作が翻訳されている。また、第二次世界大戦時の日本に対し、こんな発言もしている。「アジア・アフリカを200年の長きにわたって支配してきた西洋人はあたかも神のような存在だと信じられてきたが、実際にはそうでなかったことを、日本人が人類の面前で証明した。これはまさに歴史的な偉業であった。日本は白人のアジア侵略を止めるどころか、帝国主義、植民地主義、人種差別に終止符を打ってしまったのである」（英オブザーバー紙、1956年10月28日付）

もう一つは物質的なもの、精神的なものとは、偏狭な民族主義、物質的なものとはアルコール依存との戦いだ」と言うのです。確かに、ムスリムには、アル中の人はいないはずなんですよ。

和田　日本の場合は、今、飲酒人口が６０００万人と言われていて、そのうち２３０万人がアルコール依存症という説があります。*２３０万人って言ったら、都市人口で全国三位の、名古屋市の人口とほぼ一緒ですよ。

中田　どんなに禁止をしても、いつの時代においても一定数それをする人間がいるというのは仕方がないことだと思います。犯罪にしても、タバコや酒にしても、麻薬にしてもゼロにはできません。それでもやっぱり禁止しておかないといけないんですよ。

和田　それなのに、今の日本は、飲酒年齢の引き下げや、*ギャ*

２３０万人がアルコール依存症
飲酒人口６０００万人のうち２３０万人がアルコール依存症というのはＷＨＯの算出方法による数字。平成15年（２００３年）の全国調査によれば、アルコール依存症者の数は81万人で、そのうち治療を受けている患者数は年間５万人前後（患者調査）。ただし、精神科以外の病院で治療を受ける患者のうち14・７％は飲酒がらみであり、約１兆５千億円の医療費（１９８６年推計）がアルコールに起因しているという報告もある。（厚労省ｅヘルスネットより一部引用）

飲酒年齢の引き下げ
自民党は成人年齢の引き下げについて特命委員会を開いて検討していたが、民法の成人年齢や少年法の適用年齢を20歳から18歳に引き下げることを提言する一方で、酒、

ンブルの公営化なんかをやろうとしているわけでしょう。経済優先で、依存症の人間を増やすことに何の懸念もない。とんでもない話です。だけどそれを日本人は、「国民の自由度が広がった」と勘違いして受け止めるわけだから、おめでたい。

中田　ギャンブルもアルコールも、依存症になったところで「本人の意思が弱い」ということになる。落ちていった人に対して、日本人はすごく冷たいんですよね。

和田　弱者に対する愛がなさすぎます。本来は弱い者いじめすることを一般的に「非道」と言うわけだから、それを考えたときに、日本ほど非道な国家ってないいんじゃないかと思うんです。

戦場よりも若者が亡くなっていく国

――しかし一般的に、日本人が非道という言葉から想起する

ギャンブルの公営化
2015年通常国会では安保関連法案が優先されたため、カジノ解禁法案の審議は見送られた。なお、パチンコや競馬などをやめられない「ギャンブル依存症」の疑いがある人は国内に536万人いるとする推計を厚生労働省研究班がまとめている。

たばこ、競馬や競輪など公営競技の禁止年齢については結論を見送った。（2015年9月）

のは、イスラームの自爆テロとか北朝鮮の粛清とかなわけで。

中田　政治での勝ち負けで粛清するというのは、ある意味、上の者同士の遊びですから、一般市民とは距離があります。

和田　さっきも言いましたが、日本はコマーシャリズムのために毎年何百人も餓死させて平気な国です。自殺者は年間３万人もいます。これだって異常な数字ですよ。果たして北朝鮮が毎年１０００人単位の粛清をやってきましたか？　という考え方も必要だと思いますよ。

中田　日本でもずいぶん報道されましたが、シリアとトルコの国境の町コバニという一番の激戦地で戦っている人たちの中にも私の友達が何人かいるのだけれど、わかっている限りこの３年間で２人の友人が死にました。だけど日本にいる私の数少ない友達の知り合いの編集者とか、友人の弟とか、もう3人も自殺しているのです。若い人は、日本国内のほうが死んでいる、というイメージが私にはありますね。

和田　自殺は、15歳から39歳までの日本人の死因のトップだからね。

――ところでお二人は、「自殺願望」を持ったことはないんですか。

中田　だって、それはムスリムでは禁じられていますから。もちろん、死にたいと考えることはあります。でも、イスラーム教徒は、死んでもそのあとの世界があると考えます。自殺すると自動的に地獄へ行ってしまうわけです。

――イスラーム教では、自殺は一番重い罪なんですか、殺人よりも？

中田　いや、同じです。どちらも神が不可侵とされた命を奪うことですから。

和田　しかし、ジハード*で死んだ場合は、天国に自動的に行けるんですよね。天国への一番の近道とされているのでしょう？

中田　確かにそうです。しかし誤解しないで欲しいのは、だからムスリムは死を恐れないとか、死を切望しながら生きているなんていうことはないわけです。ムスリムにだって死が怖い人はたくさんいますよ。それは預言者ムハンマドのお弟子さんたちですらそうだったのですから。クルアーンには、「おまえたちには戦いが義務として書き定められた、おまえたちにとっては嫌なものであろうが」（2章216節）と書かれています。

ジハード
広く「聖戦」と訳されるが、本来のジハードはイスラームの正統な教義であり、天国への最短ルート。ハディースには「一番大切なジハードは自分との闘いである」という言葉もある。「イスラームの大義のための異教徒との戦争」を「小ジハード」と呼び、自分との闘いを「大ジハード」と呼ぶ。

和田　イスラーム教では、死ぬとどうなると考えられているのですか？

中田　人が死んでも、霊魂にはしばらく意識があると考えるのが通説です。肉体の死後も、霊魂は肉体からすぐには離れずに意識を持ち続けていると考えます。

和田　だからイスラーム教は基本、土葬なんだ。

中田　そうです。霊魂に意識があるわけだから、火葬にしたら熱いでしょう？
死者が墓場に入る。すると、墓の中で審判が待っている。神が遣わした天使に、「おまえは何を信じてきたか？」「おまえの主は誰か？」「おまえの預言者は誰か？」などと審問を受けるわけです。だから、生前の信仰があやふやだった人はおちおち死ぬことができません。日本では普通、死んだらすぐ天国に行くという発想をするけれども、イスラーム教の場合は、死んだあとも墓の中でしばらくのあいだ、審判を受けるんです。

和田　厳しいですねえ。

中田　厳しいですよ。死んだあとも最後の審判が来るまでは天国に行くか、地獄に行くか、ずーっとサスペンド（停止・待機）されるのですからね。

第2章

「欲望の制御装置」として宗教はどこまで有効か？

何よりも悪しきは
神にあらざるものを
神と認めることなり。
（テレンティウス『断片』より）

神への祈り、
つまり精神性は
上昇しようとする
欲求であり、
悪魔への祈り、
つまり動物性は
下降する悦びである。
（シャルル・ボードレール　『赤裸の心』より）

人間が神のしくじりにすぎないのか、
神が人間のしくじりにすぎないのか。
（フリードリヒ・ニーチェ　『曙光』より）

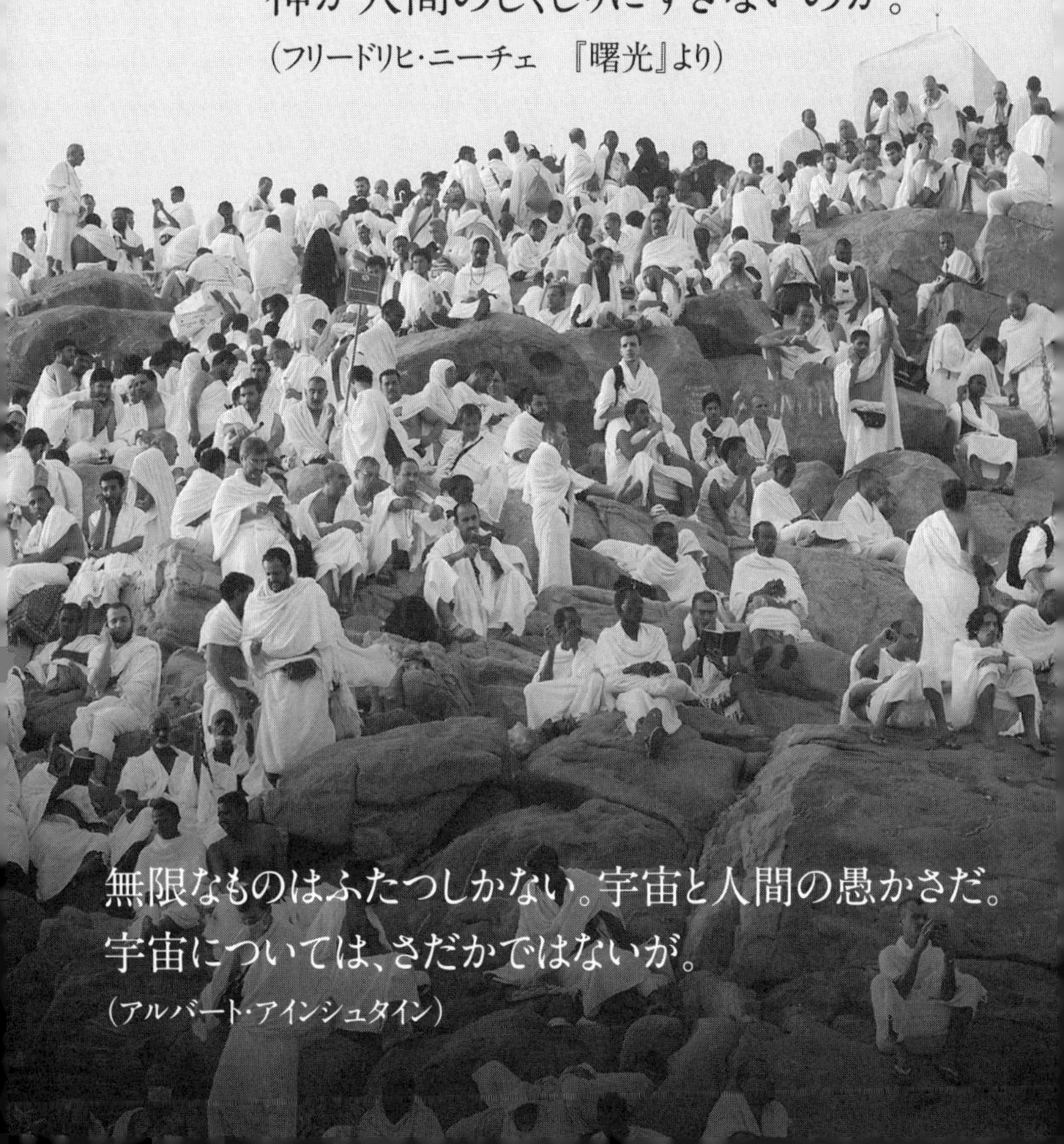

無限なものはふたつしかない。宇宙と人間の愚かさだ。
宇宙については、さだかではないが。
（アルバート・アインシュタイン）

日本の民主主義はどこかおかしい？

――ちょっと話を戻しましょう。和田先生によると現代の日本人が信じている「絶対善」は「資本主義」「自由」「民主主義」ということでしたが、三つ目の「民主主義」というのは具体的にどんな価値観でしょうか？

和田　つまり、法律というのは、民主主義国家の中で代議員が決めるものなのだという価値観ですよね。王政とか、共産主義とかで市民に選挙権がない国に対して、選挙で国の主導者を決めたほうがいいのに、という憐れみさえも感じますよね。まして　てやイスラームのように、神が決めたルールに未来永劫従って生きるなんてあり得ないと思われているんですよ。

中田　民主主義の原則というのは「法律を自分たちで作れる」ということなんです。しかし、日本というのは、選挙で選ばれた人が法律を作るのではなくて、実は試験に受かった官僚が法律を作る国ですからね。

和田　その一方で、官僚が一生懸命になって法律を作っても、警察が取り締まらないというケースもあります。つまり、官僚が法律を作る時点でまず異常な国だし、法律を作ったって、それを本当に取り締まるかどうかは、警察が決めるということでさらに異常なわけです。日本というのは、およそ民主主義とはかけ離れた国なんですよ。

イスラームの選挙はむしろ民主的？

――イスラームでの法律の作り方というのはどうなっているのですか？

中田　法というのはつまり、人に服従を強いる命令ですから、イスラームでは、立法は神の大権であって、人間は法を作ってはいけないことになっています。たとえばエジプトでは、形としてはシャリーア*という天啓法が主たる法源であると憲法に書かれています。しかし、実際にはそれはもう本当に建前でしかありません。もちろん、イスラーム教徒はたくさんいるからあんまり公然とシャリーアに反するようなことはしないふりをしていますが、実際にはもう西欧の法律とほとんど同じですよ。

和田　イスラームの原法に戻れば、選挙制度はないわけでしょう？

中田　確かに、制度としてはないですね。また、神学的に言うと、イスラームの中でもシーア派は、選挙で選ばれたのではなく神から選ばれた預言者が次の後継者を神の命令によって選ぶ

シャリーア
神の決めた掟はすべて「シャリーア」である。イスラーム圏の国では、政府が決めた狭義の法律よりももっと広く、仏教における仏法のような意味を持つ。

という考え方なので、完全に王権神授説*だったんですよ。一方、スンナ派では預言者の後継者「カリフ*」は人間が選ぶことになっています。だから選挙といえば選挙なわけです。ただし、国民全員が平等に一票を持っていなければならないとは考えません。イスラームは「人間というのは一人ひとり皆、違うものだ」と考えていますから。

和田　日本のように、選挙前になると投票所の入場券が送られてくるということは？

中田　本来のイスラームではそういうことはしません。

和田　女性の選挙権は？

中田　日本人の多くの人が「イスラーム圏では女性に選挙権はない」と思っているようだけど、それは誤解です。イスラーム

王権神授説
王権は、王家一族に神から与えられた不可侵なものであり、反抗は許されないとする政治理念。

カリフ
「アッラーの使徒（ムハンマド）の代理人」でありイスラーム世界の最高政治指導者の称号。カリフとは預言者ではなく、あくまで預言者の代理人という立場で、新たな法を作るのではなく、預言者のもたらした法である「シャリーア」に従う。ムスリム全体の運命を決めるジハードを命じることができるのはカリフだけである。1922年のオスマン帝国の滅亡までカリフ制は続き、現在のようなかたちに分散、変容、世俗化してしまった。中田考氏が政治的目標とする「カリフ制再興」は、「カリフ制」のもとに宗教的な同胞感

圏の中でも、国によっては、日本よりも女性議員の数が多い国もあるんです。

選挙はお祭り。民主制では堕落する

和田　僕の患者さんで慢性的なうつ病のおばあちゃんは、ずっとつらくて苦しくてカウンセリングを受け続けているんだけど、創価学会に入っているから選挙前になると途端に元気になっちゃうんです。

中田　あはは。確かに、選挙はお祭りですからね。

和田　だから、島田裕巳*さんが創価学会という宗教をみんな誤解していると言っているんです。「あれは選挙が宗教活動なんだ」って。なるほど、と思いましたね。そういう意味では、創価学会はそんなに拝金的な宗教じゃないんですよ。

覚と互助の精神を取り戻し、宗教を柱とした有機的な連帯のイスラーム世界を再び作ろうという構想。

島田裕巳
（1953年〜）。宗教学者、作家。東京大学文学部宗教学宗教史学専修課程卒業。オウム真理教が地下鉄サリン事件以前に起こした騒動に関して終始好意的な解釈を行って批判を浴びた経緯がある。NPO法人葬送の自由をすすめる会会長。

中田さんの目から見て、今の日本の選挙はどう映りますか？

中田 私は選挙制度自体にあんまり意味がないと思っています。基本的には寡頭制《かとう》*で拝金制度になっているというか、スティーブン・リード*の比較政治学にも検証されるように、民主制で選挙をすると必ず堕落していって金で買われるようになるんです。

和田 つまり、資本主義を野放図にやると最終的に金のある人間が勝つ。現在のような一人一票の民主制であれば、数の多い貧しい人間が選挙で勝つはずなのに、金のあるヤツがうまく貧乏人を騙して買収したりするようになるということですね。

中田 民主制というのは必ず僭主《せんしゅ》*政治となって堕落するのです。だからアメリカの共和制もそうですよ。これはもともとギリシャの伝統で、王制と貴族制と民主制をうまく組み合わせたのが共和制なんですね。大統領というのは王制の原理、議会は貴族

寡頭制
ほとんどの政治権力を特定の少数の人々が握っている政治の状態。

スティーブン・リード
（１９４７年～）。アメリカ生まれ、日本在住の比較政治学者。中央大学総合政策学部教授。日本を事例に、他の先進国と比較し「民主主義」「投票率」「一党の長期支配」「政治腐敗」などの検証を行っている。

僭主政治
古代ギリシャにおいて、非合法的手段で独裁的支配者となった者による政治。

制の原理で、投票制は民主制の原理。これらの一つひとつでは欠陥があるから組み合わせたわけです。バランスをとらなければならないという話なのに、民主制を絶対化するのは間違いなんですよ。でも日本では、民主制はいいものだ！　と無邪気に思っているでしょう？

和田　そう、民主制≒《ほぼイコール》自由だ、と考えています。しかし結局、人間というのはそんなに賢く意思決定できるものではない。民主制≒衆愚政治となるのです。だから宗教はそういう「人間は欲望に勝てない」ということを見越してるのですよね、たぶん。

中田　まったくそうですよ。民主主義と自由主義はまったく別の、むしろ逆のベクトルを持った考え方。その折衷《せっちゅう》が今のいわゆる自由民主主義なんです。

和田　中田さんが今の日本の選挙制度には反対だということは

わかりましたが、じゃあ、投票にも行っていないということですか？

中田　行ってませんでした。最近久しぶりに、友達が出馬したので選挙に行きましたけどね。何年ぶりかな。

和田　選挙はお祭りだから（笑）。

中田　お祭りとしてはいいものだと思いますけどね。でも、それ以上のものではないので、あんなものを崇《あが》め奉《たてま》っちゃダメなんですよ。

和田　こういう話は、もう西欧人はみんなわかっているんです。ちょっとでも教養があれば大学など行かなくたってギリシャの政治学ぐらいは読んでいるわけだから。

中田　フランスも実は大統領の権限がすごく強いんです。確か和田さんも書いていると思うけれど、フランス人は自由とか個人主義とか言うけれど、本当は集団が主なんだ。みんなで一緒になってワーっとやる。あの「シャルリー・エブド」（P65参照）のときだって、突如として100万人ものデモをやるなんて、日本じゃ考えられないでしょう。

和田　フランスは実は全体主義*なんですよね。戦勝国になった途端に民主主義の顔をしているけれども、ドイツでナチズムが広がったときは、フランスはすぐにそっちに寝返ったのですから。彼らが強迫的に「自由、自由」と言っているのは、一つは反動というか、それを隠している、否認しているんですよね。精神分析的に言えば。

全体主義
個人は全体を構成する一部分であり、個人の活動は全体の利益のためにに行われるべきだとする政治体制。国家や民族のほうが個人より優先され、個人の自由や権利は無視される傾向にある。

指導者の欲望をコントロールするものは何か？

中田　ですから、そもそも選挙があるかないか以前に、「支配者は誰か？」ということに政治の焦点を置くのは、古代ギリシャ以降の西欧の伝統でしかないということなんです。たとえば古代の中国の政治思想では、誰が指導者になるかということより、むしろ教えとか徳がよほど重要な意味を持っていました。イスラームもそうだということです。

和田　人が人を治めているわけではないのだと。

中田　人というのはあくまでも法を執行する機関でしかないのです。イスラーム世界では、あくまでも人よりもイスラーム法のほうが上なんですよね、本来は。イスラーム法は神が定めた掟ですから。一方、人間の作った法律は蓋然的《がいぜん》に守られることが多い、違反すればその人が不利益を被る、というだけの話で

古代の中国の政治思想では、誰が指導者になるかより、むしろ教えとか徳がよほど重要
たとえば、中国の二大政治思想はヒューマニズム（人道主義）の上に立って「徳治」を主張した「論語」、それに対して性悪説の上に立って「法」と「術」による統治を唱えた「韓非子」である。また、論語では五常または五徳（仁、義、礼、智、信）の徳性を拡充することにより、父子、君臣、夫婦、長幼、朋友の五倫の道をまっとうすることなどを説いている。

すから。

和田　西欧から見ると、「カリフ」というのは独裁的に見えるけれども、そもそも法があって、それを最終的に実行している一人の人間でしかない、ということなんですね。

中田　だから、独裁政治ではないのです。国王だろうがカリフであろうが、法を破ってはいけないのですから。

和田　とはいえ、たとえイスラーム世界であっても、国の大統領に選ばれたり、国王になったりすると、イスラーム教徒であることよりも自分の欲のほうが優先されてしまうということはあるのではないですか。イスラーム法に従わないといけないとか、国境などは人為的なもので意味はなさないという発想が我欲に負ける可能性があるのでは？　支配者側の欲望があるから、自分たちの支配権は絶対に譲らないとか。あの、リビアの最高

カダフィ
（1942〜2011年）。リビアの軍人、革命家、政治家で、大リビア・アラブ社会主義人民ジャマーヒリーヤ国の最高指導者。正式名はムアンマル・アル＝カッザーフィー。1969年のリビア革命によって政権を獲得。イスラームとアラブ民族主義と社会主義を融合し「ジャマーヒリーヤ」（直接民主制）という国家体制の建設を推進する。反米主義で知られ当時アメリカのレーガン大統領から「狂犬」「テロリスト」と名指しで批判を受けた。2011年2月、隣国チュニジアのジャスミン革命の影響を受けて起きた反政府デモにより、長期政権は崩壊。カダフィは潜伏し、徹底抗戦する構えを示したが、10月に銃撃戦で殺害される。

指導者と言われた*カダフィだって、あれだけ金集めしていたのがバレてしまったわけですからね。

中田　イスラーム圏においても権力というのが、個人の欲望を狂わせるというのはあるでしょうね。

和田　たとえば日本では*徳川家光は辻斬《つじぎ》りしていたという説があります。お殿様が気に入らないヤツの首を刎《は》ねたり、好みの女がいると好き勝手に連れ去ったり、レイプするというような違法なことを、つい前近代までやっていたわけです。非道極まりないことを。

中田　なるほど。

和田　そういう野蛮な非道国家だった日本を学歴社会に変えたのは、あの「*生類憐みの令」で評判の悪い徳川綱吉なんです。

徳川家光は辻斬り
辻斬りとは試し切りや強盗、憂さ晴らしに、武士が町人を斬る行為に及んだもの。１６０２年に江戸幕府が辻斬りを禁止しており、犯罪事件として扱われ、厳罰に処せられた。家光の辻斬りは史実にはなく、後年のフィクションで書かれたものと思われる。

生類憐みの令
１６８７年（貞享４年）、江戸幕府第５代将軍徳川綱吉が殺生を禁止する法令を制定。病気の馬を捨てた者、鳩に投石した者が流刑に処せられるということが実際にあったとみられる。しかしこのお触れはあまり守られず、犬を登録制にして犬への虐待が取り締まられた。その後、動物に芸を教えて見世物にすることも禁止され、犬殺しを密告した者に賞金を出すなどあの頃は人が人を殺すのは当たり前の時代だったから、いきなり人殺し禁止令なんかを出したところで誰も言うことを聞かないわけです。虫一匹でも殺しちゃいけないというふうにしないことには、人々の非道が止まないからやったと考えられます。なんで綱吉がそういうドラスティックな改革に目覚めたのかというと、実は綱吉がいじめられっ子だったからという説があります。身長も128センチとかしかなかった。チビだったとされています。

中田　当時の日本人はみんなだいたい150センチぐらいだけど、それにしても小さいですね。

和田　それともう一つは、綱吉って武芸がダメだったんです。勉強だけできた人だったんですよ。徳川家というのは、大名*を外様《とざま》と譜代《ふだい》に分けたりして、戦国時代の実力主義から家柄主義に変えていったわけですが、それに対して綱吉は側用人*という

したため、密告が横行し天下の悪法とも言われるが、綱吉の本来の目的は、捨て子や病人の保護であったとされている。

大名を外様と譜代に分け
親藩：徳川家の血を引く大名、譜代大名：関ヶ原の戦いよりも前から徳川家に仕えていた大名、外様大名：関ヶ原の戦いのあとに徳川家に仕えた大名、と分けて統治した。
譜代大名は老中・若年寄などの要職につき、外様大名の監視の役割もあった。また外様大名は幕府要職につくことはなかったが、もともと豊臣家直轄の家臣として、徳川家と同等の領地を持つものも多く、毛利家、島津家、前田家などは徳川幕府の影響が及びにくい僻地で大いに栄えた。

職を設けています。これは、たとえ身分が低くても勉強ができれば就くことができました。つまり、一発逆転が自分の能力で可能になるという社会の第一歩だったんです。

中田　日本の学歴社会を作ったのは綱吉だというわけですね。それまでの日本では、生まれたときから自分の運命はおおかた決まっていたようなものだから、綱吉がやったことは大きいですね。で、それ以降の日本では、各藩で藩校が作られ、勉強ができる人間ほど偉くなれるようになったと。

和田　そうそう。そうしたら、それまで力だめしで辻斬りばかりしていた武士が、勉強するようになっていったんです。学問のある武士に憧れるようになったんですよ。

中田　日本の階級制度は、もともと中国の真似をしていたのだけれども、中国は本当に武士の地位が低いんですよ。韓国もそ

側用人
譜代大名から選ばれ、将軍の側近として命を老中に伝達、また老中からの上申を将軍に伝える役目を負った。側用人が老中の上申を拒否したり、将軍に諫言したりする力もあり、田沼意次、水野忠成らが権力を振るった。

う。文官が武官の上にいるんです。日本は儒学を取り入れたけれど、科挙《かきょ》*制度は無視しました。日本は野蛮な、と言ってもいいし、プラグマティックな、と言ってもいいけど、物理的な力を重んずる国だったんです。それが日本でも、綱吉のあたりからだんだん変わっていったわけですね。そうした動きが明治維新を準備する。明治維新の立役者は皆、藩校で勉強した下級武士だったんですから。

拝金主義を嫌うのは先人の大きな知恵だった

――階級という点では、江戸時代、日本は士農工商という制度を作り、お金を扱う商人を一番下にしましたよね。

和田　建前上の秩序を守るときに、拝金主義というのはどこの国も恐れることなんです。江戸時代の日本人にはそういう知恵があったということですよ。

科挙制度
隋に始まった中国の官吏採用試験制度。そもそも中国は「選挙」と呼んだが、学科と作文による官吏選任という意味で「科挙」と言われるようになった。儒学が広く学ばれ、詩文の技術を重視したので唐詩の発展にも貢献した。

『ヴェニスの商人』
ウィリアム・シェイクスピア作の戯曲。ユダヤ人の高利貸シャイロックは、日ごろ憎々しく思っていたヴェニスの商人アントニオに対し「もし期日までに返済できなければ、胸の肉1ポンドを取らせる」という契約書をとって大金を貸し付ける。そして貿易船が帰港せず返済不能になったアントニオに対し、ただちに裁判所に訴え、契約の履行を迫った。裁判所は契

中田　そうですね。日本に限ったことではなくて。20世紀になるまではどこの国でも金儲けをする人間は一番嫌われたのです。だから、ユダヤ人があれだけいじめられたわけですよ。シェイクスピアが『ヴェニスの商人』*を書いたようにね。

和田　たとえばの話、「勉強ができるほど偉い」という価値観であれば、親が勉強して偉い地位に就いたとしても、子どもが勉強しなかったらその地位から落っこちてしまう。ところが拝金主義、つまり「金があるほど偉い」というふうにしてしまうと、金持ちの子は自動的に金持ちになる。何の努力もしない人がずっと上にのさばっていることになるのです。そういう社会では、みんな働く気力とか勉強する気力がなくなるわけですよ。まあ、今の日本の多くの政治家たちがある意味そうですよね、こんなに二世、三世*ばかりの世襲国会って今までなかったんじゃないですか？

約書どおりに肉を切り取ることを許可した。シャイロックがナイフを取り出し、アントニオの肉を取ろうとしたとき、裁判官が「契約書には血のことは書いていない。もし一滴の血でも流そうものなら、所有地も財産も没収する。また、肉が1ポンドより多くても少なくてもいけない」と言い渡した。

二世、三世ばかりの世襲国会　安倍晋三氏、麻生太郎氏、石原伸晃氏、小泉進次郎氏、河野太郎氏、後藤田正純氏、野田聖子氏、小渕優子氏…。書き出せばきりがないように、特に自民党の世襲議員率は常時40～50％となっている。世襲議員の存在は世界中に見られ、アメリカではケネディ家、ブッシュ家など親子で大統領の例もあるがここまで多いのは先進国では見られない。

中田　江戸時代の士農工商も、要するに価値観をお金に一元化しないようにしたシステムですからね。たとえば天皇や貴族は、名誉はあるけれど金も武力もない、実は権力もないわけです。一方、武士は武力によって一応政治権力を持っていて、商人はお金を持っているけれども地位はない。そういう意味では、現代よりもいろんな価値観があったわけですよ。

和田　かといって、金も権力もすべて国民全員が平等に持つというのが理想的な国家だというのも、本当はすごく怖い考え方です。平等という名の能力主義にすると、能力のない人間って本当に救いがなくなるのです。「あんた、能力がないんだから下でしょ」と言われてしまうと、それでおしまいですから。

中田　そうなると、自己責任論はさらに蔓延《はびこ》りますからね。

和田　だからやっぱり、全部、バランスがとれているのが本当は一番いいのです。共産主義政権下ではどんなに仕事ができても金にならないからみんな働かなくなるというけれど、世襲社会とか格差社会でも、金持ちは働かなくてもその地位が保たれるし、一般庶民は諦めてしまってみんな働かなくなりますよ。今、まさに日本はそうでしょう？　政治家だけじゃない。医者だってある意味では世襲になっちゃって、学歴社会も上の１割くらいの競争になっている。残りの９割の人間はすごく冷めているじゃないですか。

学歴は、本当はグローバルスタンダード

――学歴社会とか能力主義というのは、イスラーム教圏ではどのくらいあるものですか。

中田　イスラームでは、さっきも言ったように、一人のすごく

デキる人間を重んじるということがあんまりないんです。でも、学者という職業は尊敬されていますよ。イスラームでは、神アッラーにはさまざまな美名があり、その一つが「ハック（真理）」なんです。学問というのは基本的に、真理（＝神）を知る道、神（＝真理）に仕える道だ、という考え方があるから学者も尊敬されます。それに、19世紀以降何度もヨーロッパ諸国から侵攻を受けて植民地化されたせいか、西欧の大学で勉強することがエリートになる道だったという経緯もあるため、日本以上に学歴が重んじられています。イスラームの大学は、昔の宗主国がその国を近代化するというか、西欧化させるために作ったものなのです。そこで地位を得ている人間は、西欧化を尊敬するという意味でも尊敬されているんですよね。

和田　中田さんが博士号を取ったカイロ大学*も？

中田　カイロ大学もそうです。むしろ、日本のほうが大学教授

カイロ大学
エジプトのギーザにある国立総合大学。イギリス保護国時代の1908年に、宗教教育の代表的最高学府であるアズハル学院に対する世俗教育の総合大学として設立された。日本からの留学生では政治家の小池百合子氏、考古学者の吉村作治氏、近藤二郎氏らがいる。

はそんなに尊敬されていないんじゃないかな（笑）？　でも、ヨーロッパでもアメリカでも、プロフェッサー（教授）という肩書は偉いんですよね。

和田　それはそう。クレジットカードであろうが郵便物であろうが「Dr.」とか「Ph.D」*って付いているだけで信用度が違いますもん。

中田　そうですね。ドクターとミスターだと全然対応が違いますね。だから外国では、みんな「ドクター（博士）」まで取るんですよ。

和田　日本人はみんなMBA*を取りたがるし、取って日本に帰ってきた人はみんな大威張りしているけど（笑）、外国人からみたらMBAほどもったいない地位はないんです。だって、MBAというのは、ビジネススクールに2年通って取るものでし

Dr. とか Ph.D.
Ph.D. は Doctor of Philosophy の略で高等な学問の教授＝博士という意味。

MBA
経営学修士。Master of Business Administration。経営学の専門職学位。大学院MBAコース（ビジネススクール）で取得することができ外資系企業における重要なキャリアパスとされてきたが、今や国内夜間部や通信制MBAコースなども乱立しており、その内容は玉石混淆といえる。

ょう。3年行けば、ドクターが取れるのにね。

中田　本当にそうなんですよ。普通、イスラーム世界では日本人というだけでバカにされるんだけども、私もドクターになったおかげでずいぶんと恩恵はあったと思います。

和田　今の日本だと奨学金がないし、高給が貰えるようになるまで自分でお金を出して勉強しないといけない上に、大学の先生にまともな教師がいないので、優秀であっても、大学院の博士課程にまで行きたがる人間が少ないのは当然ですよね。

中田　あるいはもう、大学院という場所は、モラトリアム*的に学校に居続けたい人の居場所になってしまっているかですね。特に文系は、ドクターになるほうがかえって就職率が悪かったりするでしょう。

モラトリアム
もとは支払猶予を意味する経済用語。心理学では、アイデンティティ（自我同一性）の確立を先送りにする心理的猶予期間を指す。比喩的に若者が社会に出ることへの不安から大学の卒業などを延ばしている状態を言う。

和田　ところが外国のアカデミズムから見たら、「東大出身」というだけではイートン校*は出ているけれどケンブリッジ大学*に行けなかったみたいな扱いしかされないのです。アメリカでたとえるなら、ハーバード大学を出ているけれど、ビジネススクールもロースクールも行っていないような状態なわけで、言ってみれば、旧制高校を出ただけのようなもの。「東大出身」というだけでは、実はそれほど出世コースでもないんです。

中田　日本はドクター取得者も少ないし、グローバルスタンダード的に見たら、実は学歴社会じゃないんですよ。

和田　フランスでサルコジ*が大統領になったときに「ひさしぶりに学歴のないヤツが大統領になった」って言われたじゃないですか？

中田　そうそう（笑）。

イートン校
Eton College. 英国の超名門パブリックスクール。１４４０年創設で全寮制の男子校。卒業後は大半がオックスフォードかケンブリッジに行く。

ケンブリッジ大学
University of Cambridge. 13世紀創設でイギリスではオックスフォード大学に次ぐ古い歴史を持つ総合大学。入学難易度ではオックスフォード大学とともに世界トップレベル。公式のノーベル賞受賞者は90名（２０１１年現在）で世界の大学・研究機関では第３位。

サルコジ
（１９５５年〜）。フランス第23代大統領。弁護士。正式名はニコラ・ポール・ステファヌ・サルコジ・ド・ナジ＝ボクサ。ユダヤ人を母に持つハンガリー移民２世で

和田　もちろん、サルコジはちゃんと大卒の弁護士なんですよ。でもフランスではグランゼコール（grandes écoles：フランス独自の高等専門教育機関）を出てないと「学歴のないヤツ」と見なされるんです。

――中田さんがカイロ大学へ行った頃から、イスラーム社会でも学歴重視の風潮はあったんですか。

中田　それを一番感じたのは、最初に下宿した家でです。その家のお父さんは化学の教授でドクターなんだけど、娘さんも医者でドクターなのね。で、日常会話なのに親子で「ドクター」と呼び合っているんですよ。

和田　それは日本では見られない光景ですね（笑）。だから、日本が学歴社会だなんていうのは、まったくのでまかせ。キャ*

１９７３年、バカロレア（大学入学資格）を取得し、パリ第10大学に入学。大学在学中に、パリ西郊の高級住宅地ヌイイの市議会議員に最下位で当選。１９８８年、国民議会（下院）議員に初当選し、２００２年初入閣。２００７年フランス大統領選挙に立候補し当選。

キャピタリズム
資本主義。マイケル・ムーア監督の『キャピタリズム　マネーは踊る』は、強欲な金融資本主義者たちがアメリカ国民を徹底的に搾取しまくり、いかに世界を大不況に陥れたかをこれでもかと描き出している。

ピタリズムの金持ちが阿漕《あこぎ》なことをするという点での「グローバルスタンダード」だけが日本に輸入されてしまった。

中田　イスラーム社会というのは、植民地化されてきたこともあって、経済だけではなく、さまざまなことが全部、良くも悪くもグローバルスタンダードになっています。いや、イスラーム教だけでなく、*植民地化され続けてきた東南アジア諸国もそうかもしれません。そのあたりについて日本人は無知だし、疎《うと》い部分がありますね。

和田　日本人から見たら、拝金社会＝グローバルスタンダードなんですよね。ところが、実際にはアメリカ社会では*独占禁止法は厳しいし、あるいはアメリカ人の阿漕な経営者でさえ、けっこうキリスト教を真面目に信じているのですから。

中田　*アメリカは実は寄付文化です。年間所得10万ドル以上の

植民地化され続けてきた東南アジア諸国
ヨーロッパ中心主義は15～17世紀の大航海時代に始まり、18～19世紀に植民地支配を受けた中国、インド、周辺アジア諸国では教育、技術等々にヨーロッパスタイルを取り入れ、自国の歴史、技術、文化を劣ったものとする価値観が広まった。

独占禁止法
アメリカでは「反トラスト法」といって、大企業による独占資本を目的とした不公正な活動を規制している法律。世界の競争法（健全で公正な競争状態を維持するための規制）をリードしている。

アメリカは実は寄付文化
内閣府調査によれば、アメリカの寄付総額は日本の30倍以上（日本7281億円、アメリカ24兆51

人の9割が寄付をしています。一方、日本では年間所得500万円以上の人でも寄付しているのは1割というデータが出ています。これはやっぱり、アメリカには旧約聖書の教えがあるからなんですよ。大金を寄付することが、それほど珍しい話ではありません。金を持つことに多少でも罪悪感があって、寄付しないと地獄に落ちると思っている人が多いからですよ。所得の再分配をすべて国に任せている日本のほうが、世界から見たら不思議な国なんです。

和田　そうですね。今、日本人で、お金を持っていることに罪悪感がある人なんていないでしょうね。

中田　むしろ、持っていないのは悪だと感じているでしょう。

和田　僕は中田さんとは考え方は違うんだけど、「欲望の制御装置」としての宗教というのは、バカにならないとは思います。

74億円）、近年その差はさらに開いている。（平成17年度内閣府税制調査会資料より）

アメリカの金持ちでも、やっぱり多額の寄付をするというのはどこかで地獄に落ちたくないと思っているからですし、あるいはイスラームの人達だって、金があるのに寄進をしなかったら、死んだあとでどうなるか、という宗教的価値観が大きく絡んでいるからですよね。

アラブの石油王はなぜ大金を使いまくるのか？

和田　その一方で、イスラームは超拝金主義だというイメージも焼き付いているわけですが。

中田　それは誤解が混じっていますよね。日本では、お金を出さない人間と、ガメつく金を儲ける人間は同じ「ケチ」という言葉で表現されるでしょう。

和田　そうだね。昔は*吝嗇《りんしょく》家、と表現されていたけど。

吝嗇家
必要な出費さえも出し惜しむような人。イスラーム語では、吝嗇は「ブフル」、強欲は「タムウ」と別の概念として考えられている。

中田　イスラームではこの二つはまったく別の概念です。儲けるほうについては、日本人から見るとムスリムのやり方は、すごくガメつく見えるというのはあります。しかし、それとお金を使わないことはまったく別の話です。いくらガメつく儲けても、それは個人の才覚だから許されるけれども、儲けたお金を全部自分の懐にしまって、お金を使おうとしない人は、ものすごく非難されるんです。

和田　なるほど、稼いだ金を使わないと非難されるというのは、日本とまったく逆の感覚ですね。金持ちになっても、それをあまり表に出さず、節約を美徳とし、慎ましやかに暮らす「メザシの土光さん」*みたいな人が、一昔前までは日本では立派な人だったわけだから。

中田　アラブの大富豪がどうしてあんなに贅沢な暮らしをする

メザシの土光さん
土光敏夫（どこう としお　1896〜1988年）。石川島播磨重工業社長、東芝社長・会長、日経連第4次会長など歴任。1981年（昭和56年）第二次臨調（鈴木善幸内閣）会長として、三公社（国鉄・専売公社・電電公社）民営化など行政改革の先頭に立った。社長になっても電車通勤するなど質素な生活ぶりで知られ、テレビのドキュメンタリーで「メザシと菜っ葉と味噌汁と玄米」という夕食風景が放映されて「メザシの土光さん」と呼ばれた。生活費以外の収入は、母・登美が開学した橘学苑に寄付していたそう。

かというのも、そういうことです。儲けた分は使うことによって、社会に還元するのです。

和田　今みたいに消費不況の世の中になってくると、そのほうが経済そのものが回るからいいんですよね。ドバイ*にしたって今、すごく景気よく見えるじゃないですか。

中田　さっき、モスクには誰でも入れるという話をしましたが、ムスリムの場合、結婚式でもなんでも、冠婚葬祭の宴会には誰でも行っていいんです。

和田　町で宴会をやっていたら、そこに飛び込み参加していいと。つまり、誰でもタダでごちそうが食べられるんだ（笑）。

中田　ムスリムの金持ちはマジリスやディーワーン*という名前の別邸を持っているんです。日本の感覚だと宴会場を個人で持

ドバイ
ドバイ首長国はアラブ首長国連邦の一つ。原油はほとんど出ないが自由貿易ゾーンの設置や外国企業への優遇措置などで外国企業を誘致。首都ドバイは中東の金融センターで、中東のシンガポールとも呼ばれる。ドバイ国際空港は２０１４年に国際線旅客数で世界首位。

マジリスやディーワーン
マジリスとは、会議、集合、会議場、応接室などの意味。もともとは隊商が交渉前に接待を行う休憩所を指している。ディーワーンはいろいろな意味を持つ言葉で、古くは徴税を行う官公庁を指し、行政オフィス、そして長椅子、ソファーベッドやそれのある個室などの意味も持っている。

っていて、普段からそこで毎日のようにホームパーティをしているようなもので、ラマダーンの断食月や、イスラームの大祭、冠婚葬祭などではそれをパブリックに開放するのです。そもそも日本とはお金持ちのケタが違うからできることではあるのですが。

和田　確かにケタが違います。アメリカあたりでも、金持ちといえば少なくとも家の中でホームパーティができて、１００人程度はお客を呼べる人たちを言う。常駐のコックがいてメイドがいて、というのが、ビバリーヒルズあたりでは当然なわけですから。でも、そのレベルの金持ちって、日本にはほとんどいないんですよね。

中田　そう、良くも悪くも日本には、たいした金持ちはいないんです。今から30年くらい前の我々の若い頃、日本は「一番成功した社会主義国だ」って言われていたんです。それくらい日本は平等だったわけですね。

ホームパーティで妬みを解消し、天国へ！

和田 それは煮詰めて言うと、日本が妬《ねた》み（envy）の社会ということなんです。

中田 ああ、そうですね。だから日本では、さっきの土光さんみたいな生活をしている人のほうが妬まれないし、尊敬されるんですよね。ではなぜ、イスラームの世界ではカネを使うのか。もちろん、妬みの感情はムスリムにもあります。日本人よりもあからさまにそれを出すし、むしろ向こうのほうが妬みの感情は強いです。だからこそ、金持ちは、そうした妬みを避けるために、まず自分のお金を使ってごちそうを振る舞うのです。

和田 なるほど、「妬み」への対処の仕方が日本と違うんだ。

日本人は、「あなたに妬まれるようなものなど私は何も持っていない」という態度を取ることで周囲からの反感を回避しようとしますが、ムスリムは「あなたの持っていないものを私は持っているので、あなた方にも分けてあげましょう」と振る舞う。わかりやすいし、しこりを残さないのは、ムスリムのほうですよね。

中田　まさにそうです。それがホームパーティなんですよ。オープンハウスといって誰でも自由に入ってきて食べることができるようにするわけです。

和田　それをやって、初めて金持ちだと認められるのですね。

中田　そもそもアラブの金持ちといえば石油王ですが、アラブ社会では、「石油で儲けている」ということ自体が間違っていますからね。土地も埋蔵物も、すべては神のものであり、自分で作ったものではないですから。地面を掘ったら、石油が出てきたというだけで、すべての人間に分けるべきものなのに、自分たちの財産にしているという時点ですでに……。

和田　疾《やま》しさがあるんですね。

中田　まあ、そういうことですね。ただ、さっきの税金の話でもそうなんですが、最初から喜んで出すかというと、そうでもないんです。まずは脅すというか。

和田　脅す…!?　「地獄に落ちるぞ」とか？

中田　イスラームの場合、それは「天国」でも同じことなんですけどね。「地獄に落ちるぞ」「こうすれば天国に行けるぞ」この二つが、世の中のルールの基本です。先ほどお話したように、イスラームの世界観では、死んですぐにどこか別の世界へ行けるわけではありません。魂は死後もしばらくこの世にとどまり、お墓の中で審判を受けます。神からの遣いである天使に、何を信じたか、お前の主は誰か、お前の預言者は誰か、などと審問されるのです。ハディースなどによると、死者の魂はその審判のあとは眠っていて、最後の審判のときによみがえって、天国が地獄かに行くことになります。

本当の幸せは善いことをして天国に入ることです。

お金って、たくさん持っていると幸せになるような気がするのでみんな蓄財するのですが、本当は貯めずに出したほうが気持ちがいいんですよ。使ったほうが。

和田　金を持っていることが実感できる瞬間なんて、たかが知れていますからね。日本人だったら、いい家を買うとか、別荘を買うとか、車を買うとか、高いホテルに泊まって旅行するとか。そのほとんどが刹那的で、ものすごく物質的なことでしかないのです。

中田　そうなんですよ。本当は、そんな物質的ことより人のためにお金を出して、人から喜んでもらったほうが楽しい。これは信仰に関係なく、人として、当たり前の感情なんです。でも最初はわからない。だからまずは脅したり、すかしたりして、無理やり出させる。それで本当はそうするほうが自分が楽しいんだということがわかれば、もう強制は必要なくなり、自分から喜んで出すようになる。それがつまり「喜捨」ということなんです。

相続税１００％で初めてわかる!?財産の使い方

和田　だから、僕がずーっと、相続税１００％にすべきだと言っているのは、日本の金持ちにお金を使う幸せに気付いて欲しいからなんです。日本が子孫にお金を残せないしくみになってみて初めて、孫正義*さんだって三木谷浩史*さんだって、お金の

孫正義
（１９５７年〜）。ソフトバンク株式会社代表取締役社長。プロ野球チーム福岡ソフトバンクホークスのオーナー。フォーブスの２０１５年版 Japan's 50Richest People（日本の富豪50人）によると総資産１３９億ドル（約１兆６６８０億円）で国内2位。

三木谷浩史
（１９６４年〜）。楽天株式会社の創業者で代表取締役会長兼社長。プロ野球チーム東北楽天ゴールデンイーグルスのオーナー。「日本の富豪50人」によると総資産１０５億ドル（１兆２６００億円）で国内4位。ちなみに資産1位はファーストリテイリングの柳井正会長で、総資産２１１億ドル（約２兆５３２０億円）。3位はサントリーの佐治信忠氏、総資産１０９

使い方を改めて考えるはず。彼らが千億単位の資産を使おうと思ったら、さてどうするか？

中田　はっはっは。

和田　はたして、寄付をするのか大学を作るのか、病院を作るのか、何をしたいかはわからないですが。

中田　相続税率100％は立派な脅しになりますよ。やっぱり最初はそうやって脅さないとダメなんでしょうね。でも、それはあくまで手段であって。そのうち人間の喜びのためだということがわかってくるはずです。

――それがつまり、「ザカー」の教えということになるんですね？

億ドル（1兆3080億円）。

中田　そういうことですね。ザカーは確かに税率が低いです。こういう議論をすると、日本にはそもそも寄付税制[*]がないから寄付しないんだ、と税制の問題にする人もいますが、それはどうでしょうか。世界の金持ちの中には、たくさん寄付したいから金持ちになりたいという人もいるんですよ。ザカーは義務ですが、任意のものがあって、それは「サダカ」といいます。こちらが文字通りの「喜捨」なんです。

和田　不思議なようですが、寄付ほど気分がいいものはありません。それによって飢え死にしそうなたくさんの人が救われるとか、学校に行けなかった子どもが行けるようになるとか。それでみんなに尊敬されるということもありますが。でも、それ自体が一回やり始めたらすごく気持ちがいい。だからやるんですよ、寄付って。ビル・ゲイツ[*]なんかを見ていたって、すごくそれを感じますよね。

寄付税制
寄付金に対して税金の控除があるしくみ。日本では2011年の税制改正から、政党もしくは政治資金団体に対する寄附金、または認定NPO法人への寄付については、税額控除（もしくは所得控除の有利なほうを選べる）が受けられるようになった。

ビル・ゲイツ
米マイクロソフト創業者。2015年版世界長者番付によれば資産総額は792億ドル（約9兆500億円）、2年連続で世界一の富豪。世界最大の慈善団体「ビル&メリンダ・ゲイツ財団」を運営し、全財産の95%を寄付することを誓約している。

中田　タダ飯食わせてもらうのは嬉しい。でも、タダ飯を食わせるほうがもっと楽しい。これが真理です。その感覚をわからせるために宗教というものがあるとも言えます。

――それが、日本だとどうも「恩着せがましい」という感覚になる人もいると思うんですが。

中田　これはまさに人類学的な知恵なんですが、恩を与えるというか、「1対1の交換」にしてはダメなんです。一番わかりやすいのは、世代間の交換です。親から受けた恩は、親に返すのではなく子どもに返すのです。それを、自分が恩を与えた人間から恩を返してもらおうと思うと、間違えちゃうわけです。

和田　そういう制度設計をしないといけないのですね、日本もね。

中田　日本人はそれを忘れちゃって、ギブ・アンド・テイクの考えが強くなりすぎているところが問題ですよね。

第3章

中国、ロシア、アメリカ、トルコ……戦争を仕掛けるのはどこか？

ロシア、IS以外も空爆
シリアの反体制派を攻撃か？

ロシアが10月1日、シリア領内で過激派組織「イスラム国」（IS）以外の過激派の拠点を空爆した。AFP通信が伝えた。9月30日に空爆を始めた際には、標的をISに限定すると説明していた。シリアのアサド政権の延命のため、米国が支援する反体制派を攻撃している可能性もあり、米国とロシアの対立が深まる恐れがある。（朝日新聞 2015年10月2日）

イスラム国（IS）が習近平氏に“宣戦布告”
ウイグル周辺に中国語で聖戦呼び掛け

過激派組織「イスラム国」（IS）は9日までに、中国語でジハード（聖戦）を呼び掛ける音声の声明をインターネット上で発表した。中国語による呼びかけは初めてとみられる。中国国内にはイスラム教徒が2000万人以上いるとされ、ISが習近平国家主席率いる共産党政権に“宣戦布告”したともいえそうだ。（産経ニュース 2015年12月11日）

ドナルド・トランプが、「ISを作った張本人はクリントンとオバマだ」と暴露した。

AP通信はトランプ氏がミシシッピーで支持者を前に演説しているビデオをYoutube上の自社チャンネルにアップした。そこではトランプ氏はシーア派の指導者のニムル師の処刑に激怒したイラン市民がテヘランのサウジアラビア大使館を襲撃した事件についてエネルギッシュに語り、「ヒラリー・クリントンがISをオバマと一緒に作ったんだ」と豪語している。（産経ニュース 2016年1月3日）

イスラームの死生観とジハード

――世界は、ジハードという行為を極悪非道な方法だと考えているわけですが、ぶっちゃけ、日本人の自決や特攻隊*とはどこが違うのですか？

中田　さっきも言ったように、イスラーム教では死んだあとも最後の審判が来るまでは天国に行くか、地獄に行くか、ずーっとサスペンド（停止・待機）されます。ところがジハードで死んだ場合は、サスペンドされないで、そのまま自動的に天国へ行けることになっているのです。ただし、ジハードで死んだ殉教者の場合でも、天国に行けない例が二つあります。一つは借金をしていること。そしてもう一つは、親の許可なくジハードに行った場合。この二つは天国行きが許されないのです。ただ

特攻隊
特別攻撃隊。太平洋戦争末期に日本の陸海軍が特別編成し、体当たり、自爆攻撃を行った。防衛省防衛研究所の数字では、終戦までに特攻隊に加わった人員数は陸海軍合わせて４２１６名。出撃した特攻機約３３００機のうち敵艦に到達したのは約１割だったという。

し後者は、ムスリムの土地に異教徒が攻めてくるとか、あるいはカリフから招集命令があった場合は、例外として認められます。

和田　ムスリムにとって、借金はそんなに重い罪なんだ。

中田　誰かが他人のものを盗むとか、人の命を殺めるといった行為は、人間の権利の範囲の事柄でしょう。借金も同じです。借金を踏み倒された人間が許さない限りは、神も赦さないのです。現世での人間の権利と義務に関しては、それをまず果たしてからでないと、たとえジハードで死んでも天国には行けないと考えます。

一方、日本人の場合は、「死ぬと全部チャラになる」という考え方が根底にあるでしょう。これが今も日本の自殺率の高さに結び付いているんじゃないでしょうか。

――チャラというか、日本には「死んでお詫びする」という精神があります。最終的な謝罪は死しかない、あるいは「自らの死を持って抗議する」というような感覚が。

中田　だけど、本来の仏教の死生観では、それは正しくないんです。むしろ悪行を積めば、生まれ変わりが悪くなっちゃうわけですから。

和田　そもそも日本には仏教の教えもそのまま入ってきていないですからね。

――日本の歴史に引きつけると、たとえば太平洋戦争における特攻隊というのは、ジハードに見えますか？

中田　うーん、特攻隊は、イスラームのジハードとは全然違いますね。イスラームには本当に、喜々としてジハードで死にたがっている人間がいくらだっているんです。日本の特攻隊の中に、本当に喜々として死んでいった人はどれくらいいたのでしょうか。

和田　特攻隊というのは、本来は圧倒的に武器がない状況下での起死回生の一策だったんです。だから、最初は護衛機付きで、それこそ『永遠の0』*ではないが一番操縦のうまい人を行かせました。完全に沈めたわけではないけれど、1隻か2隻かは中規模の空母を潰しているんです。ところが、ある時期からは燃料もなくなるし、相手の攻撃をかわしてでも当てる技術を持った人間もいないしで、護衛も付けず、ろくに飛行経験もない若者がバンバン行かされて、「十死零生」の、ただの国のために命を捨てるという象徴行為でしかなくなってしまった。みんな海に撃墜されてしまった。

中田　しかも日本人的な、誰もノーと言えない空気の中でです。

『永遠の0』
百田尚樹著。ゼロ戦が開発されて特攻機として使われるまでの過程を、一人の名パイロットの孫が生き残った関係者らから聞き取り調査を行なう形でたどっていく物語。書籍の合計発行部数は300万部以上。映画の興行成績は8週連続第1位。興行収入約5億4200万円。

「貴様それでも日本人か！」と上官に殴られるから、「天皇陛下のために喜んで行きます」と言わされていたわけで。

和田　ジハードというのは、相手に何らかの形で打撃を与えないといけないわけだけど、特攻隊は敗戦目前の、戦争の末期状態からもはや「死ぬこと」が目的になっていたんだよね。

イスラームのテロは世界大戦につながるか？

和田　僕はね、冒頭から言っているように、世界最大の宗教はアメリカを中心とした「拝金教」だと思っているわけです。

中田　資本主義が生み出した巨大な信仰ですね。

和田　で、二番目に大きい宗教がイスラーム教、三番目に大きい宗教がユダヤ教だと思っています。キリスト教ももともとは金貸しを嫌っていたわけだし、日本だって金を卑しいものと見る伝統がずっとありました。しかし今は、キリスト教徒の中に拝金教じゃない人はほとんどいないだろうし、仏教徒の中にも探すのは大変だと思います。「信仰よりも金のほうが大事だ」とストレートに言うのはえげつないけど、「自分の宗教の教えと、生活のための金なら、後者を選ぶのが当然」と考える人がほとんどでしょう。一部の新宗教信者の中には、教えのための寄進を選ぶ人がいるかもしれませんが。

中田　そういう意味では、ムスリムもかなり影響を受けているし、拝金教が全世界を覆いつつあるのは確かだと思います。

和田　だけどこういう見方もできます。世の中が拝金教だらけになると、イスラームのテロ以外では戦争は起きないんじゃないかと。なぜかと言うと、結局、資本主義国家は自国にとって損なことはやらないわけですからね。共産主義の怖いところは、たとえ損をしてでも、自分たちの主義主張とか勢力圏を拡大するためには、戦争をやったことですよ。ブレジネフ（Ｐ51参照）なんかまさにそう。

中田　東欧の共産主義国って、みんなソ連の支配下に置かれてかわいそうな国と思われているけど、実はソ連は彼らを支配下に置くために、国際価格よりずっと安い価格で石油を供給していたんです。東ドイツ以外の東欧諸国は、みんなソ連の援助でもっていたということですよね。

和田　そうそう。で、今、中国とフィリピンが一触即発[*]と言われていますが、僕は、中国は戦争を起こさないと予想しています。なぜかというと、中国人の首脳部の人たちはみんなアメリカに財産を隠し持っているからです。だから、アメリカが怒って中国人支配層の資産を凍結するまではいかない程度には、南シナ海の領土紛争とか尖閣とかにウルサくちょっかいを出すか

中国とフィリピンが一触即発
石油や天然ガスなど豊富な資源の眠る南シナ海の領有権をめぐっては中国とＡＳＥＡＮ諸国で攻防が続いているが、中国がスプラトリー（南沙）諸島で大規模な埋め立てを強引に進めたことに対抗してフィリピンが周辺の軍事施設の増強を急ぎ、緊張が激化している。

もしれませんが、戦争にはならないでしょう。経済的にまるっきり割に合わないことになりますから。残念ながら、今の日本の国会議員の多くは、そんなことは考えていないようですがね。

中田　アメリカはすでにそこに気が付いて、なるべく戦争をやらないようにしているわけです。金持ちの味方の共和党の連中ですら軍事予算を減らすって言っている状態です。

和田　フィリピンだって資本主義だから、中国に仕掛けて損をするような戦争をするわけがありません。どこの国でもそうなんですが、金持ちの金を使わなきゃ戦争はできないから、金持ちが反対したら戦争はできないのです。
中国の軍事力が強化しやすいのは、金持ちからの金を没収しやすいシステムを持っているから。脱税は重罪ですし。
共産主義国が非常に戦争しやすいポテンシャルを持っていたのは、金持ちの金を巻き上げて、国が資金を持てたからです。たとえば北朝鮮を見たらわかるように、富は国に偏在しています。

中田　金正日が贅沢できたのは国のお金を使っていたから。建前上は私有財産で贅沢はしていないですからね。

和田　戦争っていうものは、国がクソ高い消費税を強いて軍事予算にしたりして、金を持たない限りできないわけです。それで勝って領土を広げて、植民地から吸い上げるとかしないと、戦争は続けられない。

ところが、残念ながら今の国際秩序でいくと、たとえアメリカがイラクに勝っても、イラクの人間から吸い上げることはできません。負けた国の人間をみんな奴隷にするとか、財産を全部取るということは国際法で禁じられていますから。それどころか石油の利権さえ得られなくなっています。もし中国がフィリピンに勝ったって、フィリピンの財産を中国が接収できるでしょうか？　アメリカだって、そんな野蛮な略奪行為を許すわけがないでしょう。おそらく中国人がアメリカに隠し持っている財産は没収でしょう。

拝金主義は地域紛争を引き起こす⁉

――すると、つまり先ほど和田先生が仰った、拝金教なる新たな宗教が、戦争を抑止している現状でもあると？

中田　もともと民主主義の国は戦争しないというのはかつてから言われていることではあります。ただ、私は戦争がなくなるとは思いません。なぜなら、ナショナリズムというのがありますから。だから世界大戦にはならなくても地域紛争はあると思う。これはけっこう儲かりますからね。

和田　地域紛争は儲かる？

中田　そうですよ。

和田　ああ、とくに海洋紛争ではね。海の上での国境線を書き換えるだけで海洋資源とかが全部総取りできて、割とローリスクで海洋資源の権利を奪うことができますから。でも、これも共産主義の国しかやらないことでしょう。だって、たとえ尖閣の海洋資源の権利が完全に日本のものになったからといって、実際は、そこで漁業をやっている人の収入がちょっと増えるという程度のものでしかないはずです。あるいは、そこで海洋油田が開発されたとしても資本主義の枠組みの中では国の利益にはなりません。どこの国の領主だって開発できるし、利権はその領主のもので日本国には少し税金が入ってくるだけです。それだって多国籍企業の場合は怪しい。だから海洋紛争というのは共産主義の国がやりたがるものなのではないでしょうか。そういう意味では中国は怖いですよね。

中田　それと、未だに資本主義が確立していないアフリカ諸国などでは、国は破綻していても大統領やその取り巻きは欧米に隠し資産を蓄えています。でも、仮にそれを凍結されたにしても、失政を隠すためには、外敵をこしらえて民族意識を高めナショナリズムを煽るのが一番手っ取り早いんです。彼らの領土というのは、ほら、もともと欧米の人が勝手に定規で引いた領土*だから、そこを広げるための戦争はやるんですよと主張ができますから。

日本も実は部族国家だった

和田　だから、アフリカで戦争がなくなるかとか、そういうレベルで話をしているんじゃないのです。先ほど述べたように、拝金教の中においては、戦争は儲からないからやらない。一方、アフリカなんかは何々民族の国みたいな小さな部族国家がたくさんあるわけで、いわゆる縄張り争い、つまり、縄張りをより

欧米の人が勝手に定規で引いた領土
そもそも国の概念がなく、遊牧民や農民が自由に行き来していたアフリカの土地を、植民地支配しようとしたヨーロッパの国々が地図上で勝手に分割して国境を定めた。アフリカ大陸の国境がほとんど直線でできているのはこのため。かつてのオスマン帝国も同様。

広くするという意識が部族国家にはあるんですよね。

中田　でも日本だって、実はその部族国家に近いんだと思いますよ。

和田　なるほど。

中田　日本人って日本民族というものがあると思っているでしょう？　フランスは当然フランス人の国なんだけど、あれは「自由・平等・博愛」*という理念を信じている人たちの国なんです。でも日本にはそんな普遍的理念はないですよね。天皇という酋長を抱えている部族なんです。で、そういう理念がない国というのは、国がダメになってくるとどんどん支配者たちが自分たちの正当性を守るために外に敵を作っていきます。「我々日本民族は……」「日本人の悲願だった……」という形でしか、諸外国に向けて正統性を主張できなくなるからですよ。

自由・平等・博愛
18世紀のフランス革命を指導し、フランス人権宣言の起草を行った政治家ラファイエットによる標語。同時にラファイエットは「青・白・赤」の三色の帽章を国民衛兵に与え、これが三色旗の原案となった。「青・白・赤」がそれぞれ「自由・平等・博愛」を象徴しているというのはこじつけらしい。

和田　その点、イギリスはちょっと珍しい。女王陛下をトップと見なす人はみんなイギリス人だという発想があるんです。だから、未だにイギリス連邦というのが長く残っているのでしょう。

中田　日本はそういう意味では本当に部族国家なんですね。韓国もそうだし、中国もある意味ではそうです。最近の中国はむしろものすごい中華国家*に戻りつつあるので、危険なわけですよ。

和田　中国は昔からそもそもすごく拝金主義の国で、あまりにもその格差が大きくなり、共産党の台頭*によって一時期抑えられていたというだけの話でしょう。そのタガが、ここにきて大きくはずれちゃっているわけです。拝金主義と中華民族意識がセットになっているから、今の中国はおっかないんですよね。

中華国家
漢民族を中心に、中国皇帝が世界の中心であり、その文化・思想が神聖なものであると考える「中華思想」が色濃い状態の中国。

共産党の台頭
中国共産党は１９２１年に、コミンテルン（共産主義政党による国際組織・第３インターナショナル）の指導を受けて上海で結党された。

――今の中国のように、自国の貨幣が信じられない国のほうが戦争を起こしやすいということは言えるのでしょうか。

和田　中国の富裕層の人たちは、人民元を信じていない分だけ、ドルを信じています。だから金ができるとすぐにアメリカに隠し資産を作ります。世界中で中国人ほどアメリカ経済を信じている国民はいないんですよ、ある意味、日本人以上に信じています。

中田　確かに（笑）。あるいは金《きん》を買います。

和田　そうですね。中国人がドルよりも金《きん》を信じるようになったら、戦争を起こすかもしれません。アメリカに嫌われないようにする必要がなくなれば、国際秩序を守らなくていいわけですから。

一方、ロシアがアメリカに対して強気でいられるのは、やっぱり「*オイルマネー」という、湧き出てくるお金があるからです。アメリカ国内にあるロシア人の隠し資産が仮に没収されたとしても、傷は浅いと考えているんじゃないですか、プーチンは。

中田　ドルが最強の世界通貨である限り、いくらでもドルを刷れるアメリカは当然有利で、他の国はみんな損をすることになります。だから、ロシアも中国もできるだけ早くドルの覇権を崩したいんですよね。国家資源と金《きん》をベースにして、自分たちの貨幣が主体となる新しい秩序を作ろうという動きもあるのです。

和田　ただし、今の中国とかロシアの危うさというのは、ある個人が権力を総取りする可能性があるということです。それは*最近の主な中国最高指導者の流れを見ればわかります。中国では、前の国家主席の胡錦濤（フー・チンタオ）か、その前の江

オイルマネー
中東諸国が石油の輸出によって稼いだ金を原資とした公的資金の総称。１９７３年のオイルショック後に発生した資本である。

最近の主な中国最高指導者の流れ
（中華人民共和国国家主席）
江沢民（チアン・ツーミン）第５

沢民（チアン・ツーミン）の子飼いがみんなで蓄財して、それを現政権の習近平（シー・チンピン）らが引き倒しにかかっているんです。権力がなくなると金まで奪われてしまうという体制だから、中国の人はみんなアメリカに隠し財産をするわけです。*
米ソの冷戦時代には、ソ連の人もアメリカの人も、スイスに財産を隠していました。ところが今はアメリカが強くなりすぎちゃいましたからね。
少し前の話ですが、北朝鮮の核開発問題で、スイスにある北朝鮮人たちの金融資産を凍結しろとアメリカがスイスに圧力をかけて、実際に凍結されました。そういうことができるくらい、アメリカとスイスの力関係は昔と違ってきました。昔だったら、「いや、我々は中立国なんだから、どこかの国に加担するわけにはいかない」って突っぱねていたと思いますよ。

中田　それも今、すごく微妙なところなんです。AIIB*

代（1993〜2003年）。対日・強硬路線。抗日戦争勝利50周年にあたる1995年より、徹底した反日教育を推進していく。

←胡錦濤（フー・チンタオ）第6代（2003〜13年）。ポスト江沢民として国家主席に選ばれたが、江沢民よりは反日色は薄かった。

←習近平（シー・チンピン）第7代（2013年〜現職）。リベラルという一方、明らかに対日・対米路線を強調しており、その評価は今のところ分かれている。

アメリカに隠し財産
2014年1月、英紙ガーディアン（電子版）などは、中国の習近平国家主席や温家宝前首相ら有力政治家の親族十数人が、租税回避地として知られる英領バージン諸

（Asian Infrastructure Investment Bank アジアインフラ投資銀行）が転機になるかどうか、とくにロシアと中国が手を組んで、逆襲がまた起きているという構図ですからね。経済問題としては対アメリカだけど、政治的には中国とロシアにとって治安問題としてのイスラームの存在が実は大きいのです。

イスラームと中華圏の関係

中田　中国が今、一番恐れているのは何か？　中国は多民族国家だと言うけれども、基本的に漢民族主体の国家ですし、共産主義も形骸化してしまったわけですから、実際に脅威なのは、イスラーム化したウイグルと、そしてチベット*だけかもしれません。

和田　チベット民族とウイグル民族だけは、漢民族の国から独立したがっていますから。

島の会社を通じて資産を運用していると伝えた。

AIIB
中国主導で話が進んでいるアジア向けの国際開発金融機関。2014年創設で2015年末の業務開始予定。イギリス、ドイツ、フランスなどヨーロッパ主要国を含み57ヵ国の創始メンバー国が確定している。

チベット
ヒマラヤ山脈の北側に広がる、平均海抜4500mのチベット高原にあり、かつてラサを都とする独立国だったが、現在では軍事力と弾圧により中国の一部チベット自治区とされている。チベット人は約600万人で主に仏教を信仰している。

中田　他の貧しい地域の反乱は、建前上、共産党を使って行われるはずなんですよ。つまり、「今の共産主義が腐敗している」とか言う人が出てきて、中国で10年に1回は起こる政権交代の騒動として噴出してきます。たとえば、これまでだったら江沢民を頂点とする上海グループ（上海閥）とか、胡錦濤の率いる共青団というグループ。党・政府高級幹部の子弟からなる太子党。そういうふうな色分けになるんだけど、現在はそうではなくて……。

和田　つまり、中国の今の政治体制というのは、もう経済成長が頭打ちになり格差問題が全然解決しないことから国民の不満をそらすために、外向きには「反日」キャンペーンを使い、内向きには魔女狩りみたいに、ちょっとずつ金持ちを摘発していったりしているんですよね。

実はこれは、韓国だってまったく同じスタイルなんですよ。ナ*

ッツ姫とかセウォル号*のオーナーとか、悪いことをした金持ちが順番にスケープゴートになるわけです。

中田　でも、中国は多民族国家*だからね。チベットは基本的には、ダライ・ラマ*のやり方がうまいので武装闘争路線はとらないでしょう。しかし一番怖いのはイスラーム系のウイグルです。ウイグルからはカザフスタン、キルギスタン、ウズベキスタン、トルキスタン、アゼルバイジャン、そしてトルコ共和国があって、ずーっと同じトルコ系のムスリムがつながっているわけですから。当然、ロシアにとってもこれは脅威。だから政治的にはロシアと中国が組んで封じ込めようとしているんですけどね。

和田　とにかく中国政府はウイグルとチベットを、武力を行使してでも抑えたい。これはもう、地域紛争のレベルではないと思いますが、ただ、中国がそれをしたからといってアメリカはおそらく、たぶん――。

ナッツ姫
大韓航空前副社長、趙顕娥（チョ・ヒョナ）。客室乗務員のナッツの出し方に激怒して離陸直前の大韓航空機を引き返させたとして航空保安法違反などの罪により一審で懲役1年の実刑判決を受けた。

セウォル号
韓国の清海鎮海運（チョンヘジンかいうん）所属の大型旅客船セウォル（世越）号は、全羅南道珍島郡の観梅島（クヮンメド）沖で転覆・沈没した。修学旅行中の高校生を含む乗員・乗客２９５人が死亡する大惨事で、過積載、無理な改築、運行の不備、救助の遅れなどの原因が指摘されている。

中国は多民族国家
漢族と55の少数民族で構成されており、人口の94％が漢族、残り6％が55民族となっている。

中田　何もしないでしょうね。あくまでも国内問題ですし。

世界からISに参加する人々の事情

和田　中国政府によるウイグル人の虐殺や抑圧は、実際どれくらい起きているのですか？

中田　日本ではあまり報道されないようですが、そんなことは日常的に起きています。我々のようにイスラーム世界にいると、毎日のようにそういう情報が入ってきます。

――そういうときに、各国のイスラーム教徒が助けに行こうという話にはならないのですか。

中田　中国には助けに入れません。やっぱりすごく怖いですか

ダライ・ラマ
ダライ・ラマはチベット仏教で最上位クラスの指導者の名跡で、化身として生まれ変わりにより代々受け継がれている。現在の14世は亡命政府に政治的権限を委譲して、「チベットとチベット人の守護者にして象徴」と位置付けられ、非暴力で中国政府と敵対しない姿勢をとっている。１９８９年ノーベル平和賞受賞。

ら。もちろん中国自体が外国人の入国に厳しいというのもありますが、あまりにも中国人と顔が違うでしょ？

和田　同じイスラーム教徒でも。

中田　そうそうそう。中国はもともと警察国家ですから。そこに明らかに漢民族じゃない顔の人間が入ってきても、目立つから何もできないんですよ。

和田　たとえばの話ですが、ＩＳの勢力が今後もっと大きくなって、アフガニスタンあたりまでつながってきたりしたら……どうなんでしょう、実際の武力闘争というのが起こり得るのでしょうか。

中田　実際、中国はそれをすごく恐れていて、弾圧を強めています。先日トルコからシリアに入るときにも、３人のウイグル人がＩＳ入りしていたのを目撃しました。彼らはＩＳの片棒を担ぐというより、命懸けで逃げてきているのです。

——つまり、中国から亡命さながらＩＳに参加するムスリムが少なからずいるというわけですね？

中田　ロシア、中国圏からＩＳに来ている人間は、ほとんどそのパターンです。ヨーロッパから来ている人とは全然違います。

和田　どの国から来た人でもＩＳは受け入れるのですか？

中田　当然。全部受け入れますからね。

和田　ＩＳに入りたい人たちの事情というのは国によって大きく違うということを、我々は知らないといけないですね。

中田　そういう意味ではウイグルが一番悲惨ですね。彼らは本当に徒歩で来ているんです。

和田　えっ!?

中田　だってパスポートもないですし。密入国する前に、まず密出国という壁が立ちはだかっていますからね。中国から出るのが、ものすごく大変なんですよ。

和田　それでもなんとか中国国境の外に出られれば、顔も同じですし、言葉もそこそこ通じると。運良くイスラーム教のモスクにたどり着けばメシも食わせてくれるしで、逃げて来られるってことですか？

中田　そう。ウイグルから来るには、二つルートがあるんです。トルコ系のベルト地帯をたどって山を越えてくる陸路と、ベトナム、カンボジアを通じてタイからマレーシアに行って、マレーシアから空路で来るルートです。でも、本当に悲惨なケースは、何千キロも歩いて来る場合です。アフガニスタンからイランを抜けてトルコまで歩いてくるという人もいるんですよ。

和田　……！

タリバン勢力に擦り寄る中国

和田　アメリカはタリバン勢力を敵視して、アフガン成敗*をしました。しかし本気でアフガン成敗をしたいのはむしろ、中国とロシアのほうじゃないのですか。

中田　だから今、中国はタリバン勢力にすごくくっついているんです。タリバンは政権を持ったときから中国とは関係が良好です。それは、中国側がすごく意識していることで。

アフガン成敗
2001年米国同時多発テロ事件（9・11テロ事件）が勃発。米国を中心とする北大西洋条約機構（NATO）はテロ首謀者として指定されたアルカイダの引き渡しに応じなかったタリバン政権に対し、同年10月より攻撃を開始した。

和田　え、ちょっと待って。中国にとってタリバンは敵じゃないのですか⁉

中田　中国はタリバン側と今のアシュラフ・ガニー政権*を天秤にかけて、両方とうまくやっているんですよ。

和田　ウイグル人を密出国させないために？

中田　そうです。抑えておきたいんですよ。だから、トルコと中国の関係は悪いんです。トルコって、本当に中国人の存在が薄い国ですよ。

和田　ということは、ＡＩＩＢというのは、要するにアフガニスタンとかトルコを金浸けにして、中国の言うことを聞かそうという肚《はら》づもりがあるのではないですか。だって、イスラーム

アシュラフ・ガニー政権
２０１４年に行われたアフガニスタン・イスラーム共和国の第３回大統領選挙で選ばれた新政権。アシュラフ・ガニーはベイルート・アメリカン大学を卒業、コロンビア大学で人類学博士号を取得した。

教の国だって、指導者たちは基本的に拝金教だから、大量に援助をしてくれてインフラが整備できるとか、あるいは国の体制が安定化するんだったら、ＡＩＩＢ構想が嬉しくないわけがないですよね？

中田　ただ、トルコは今のところ中国に抵抗しています。ウイグル人の亡命者に対しては中国政府がすごく圧力をかけているので、強制送還をしない国は現在トルコとアフガニスタンしかないんです。中国にとって、昔からトルコ人というのは脅威なんです。

——日本にいると、全然そういう話は聞こえてこないですね。中国とトルコの関係って、今、初めて考えたかもしれない。

中田　トルコは、今はトルコ共和国一国だけれども、テュルク系民族といって中央アジア、モンゴル高原からシベリアのあたりにいた遊牧民をみんな支配する帝国だったのです。トルコ人は自分たちこそがユーラシア大陸最大の帝国だと思っているし、中国人も実はそう思っているわけです。

和田　確かに、ヨーロッパが支配する18世紀まで、オスマントルコ*がどれだけ巨大だったかを考えればわかりますよね。

中田　ロシアだって、14世紀初頭にモスクワ大公国が独立するまでは、ずっとトルコ人の支配下にあったわけですから。

和田　チンギス・ハンは何系民族だっけ？

中田　チンギス・ハンはモンゴル人なんだけど、その後、モンゴル帝国は大雑把に言うと、中国の元朝と、中央アジアの征服地で独立したキプチャク国、イル汗国、オゴタイ汗国、チャガタイ汗国に分かれます。これらの中央アジアの諸汗国は、トル

オスマントルコ
14世紀から20世紀初頭まで存在した大帝国で、最盛期には西アジアから東ヨーロッパ、北アフリカの三大陸に及ぶ広大な国土を支配した。建国者の一族がトルコ人のオスマン族であり、「オスマン朝」や「オスマン帝国」と呼ばれることが多い。君主であるスルタンが教主カリフの地位を兼ねる体制をとり、イスラーム教世界の盟主として16世紀に全盛期を迎え、ヨーロッパ＝キリスト教世界に大きな脅威を与えた。

コ語を採用しトルコ化していきます。イスラーム史では、このモンゴル帝国の支配者たちを総称してタタール人と呼んでいます。

――アメリカとトルコの関係はどんな感じですか。

中田　トルコはオスマン帝国が滅びてから、アメリカというか西洋のイスラーム世界における*橋頭堡《きょうとうほ》になるのですが、第二次世界大戦後の冷戦構造の中では西側資本主義諸国の、特にアメリカとイスラエルの中東における同盟国になります。もともとそういう役割をしていた*イランのパーレビー王制が１９７９年の革命で潰れてからは、特にそうです。アラブ諸国は全部、イスラエルと国交を断絶していたのだけれども、トルコはイスラエルと軍事協力の関係があります。ただし、*トルコ人は民衆レベルではアメリカのことをものすごく嫌いなんですよね。

橋頭堡
橋の対岸を守るための砦のことで、不利な条件下での戦闘を有利に運ぶための前進拠点という意味。

イランのパーレビー王制
パーレビー国王（ムハンマド・レザー・パフラヴィー）は、「白色革命」を推進してイランの近代化を進めたが、アメリカの傀儡政権とも言える拝金主義的な独裁政治と社会的不平等、文化を含む宗教の軽視などで国民の不満を高め、1979年2月、ホメイニー師の牽引によるイラン革命により失脚した。その後パーレビーがアメリカに亡命したことによりイラン人の怒りは頂点に達し、パーレビーの身柄引き渡しを求めて群衆がアメリカ大使館を襲撃。大使館員56名を人質にとって大使館を占拠した。

和田　トルコ*はロシアのことも嫌いだしね。

中田　そうですね、トルコ人はロシアが大っ嫌い。やっぱり隣にいて、実際に領土も取られているから。

和田　で、アメリカも嫌いで、日本が好きなんだよ。

中田　そうです。

トルコ人が日本を好きな理由

――トルコ人が日本好き*というのは本当の話なんですか。

和田　本当です。日本は日露戦争でロシアに勝ったでしょう。太平洋戦争ではアメリカと戦ったでしょう。そんな国、他にありませんから。

トルコ人は民衆レベルではアメリカのことをすごく嫌い
トルコはイスラーム教国だが西欧化政策がとられ、地理的にも西側諸国の一員と自認しているため、基本的な外交政策は親アメリカ。しかし個人レベルでは米国に肯定的な考えを持つトルコ人は少なく、アメリカ政治を支持しているのは国民の10％のみ。（米シンクタンクのPewリサーチセンター2011年調査）

トルコはロシアのことも嫌い
1877～78年にオスマントルコとロシアの間に起きた戦争を「ロシアトルコ（露土）戦争」というが、ロシアとトルコの間では17世紀末～20世紀まで何度も戦争が起こっている。

トルコ人が日本好き
1890年（明治23年）に和歌山

―― あ、そういう理由で好きなんですか。

中田　そうです。あとこれは雑学的な話ですが、日本人の多くはトルコ語なんて知らないと思いますが、語順がソックリだ*と いうことが言語学者に指摘されています。そんなこともあってトルコ人の中には、日本人をトルコ民族の一部だと思っている人もいるほどです。

和田　都内の代々木上原駅の近くにある日本国内最大のモスク*（東京ジャーミィ）も、トルコの金持ちが寄付したものなんですよ。建物の中もすごくターキッシュなんです。ブルーが基調で、すごく美しいデザイン。

中田　もともとあそこは、ロシア出身のタタール人たちのモスクなんですよ。

県串本沖で、オスマン帝国の軍艦エルトゥール号が台風により遭難。600名以上が海に投げ出された。このとき、串本（大島村）の住民たちが必死の救助を行い、69名の命を救う。このときの日本人の尽力により今でもトルコ人は日本に好印象を抱いている。2015年末にはこの事件を描いた日本・トルコの合作映画『海難1890』が両国で公開された。

語順がソックリ
語順が主語 - 目的語 - 動詞となる点や、助詞や助動詞の付き方などがトルコ語と日本語は非常に似ているという指摘がある。また、「yamac（山）」「cay（茶）」「tepe（てっぺん、頂上）」など音の共通する単語もあり、同系であるとする説もある。

和田　トルコ人のもう一つの特色は、イスラーム圏内で一番金儲けがうまいということだと思います。アラブの大富豪のほとんどは石油が勝手に湧いてきたのを獲得した、濡れ手に粟のように富を得た人たちだから商売は決してうまくないのです。一方、トルコ人には貿易商が多いでしょう？

中田　広い意味のトルコ人ですね。私の父親はもともと貿易商なのですが、一緒に仕事をしていたのはロシア系トルコ人でした。

日本国内最大のモスク
東京都渋谷区。トルコ人によって１９３８年に建設されたオスマントルコ様式の伝統を継承するモスク。その後老朽化に伴い２０００年に建て直された。結婚式、演劇、展示会、公演等様々な活動が行われている。

ハラール認証は神への冒瀆だった!?

――先日、我々の編集部に知人から「ハラールレストラン・ガイド」という企画が持ち込まれました。「今出したら絶対売れますよ、ハラール、旬ですからね」と。へえ、旬なんだって。

和田　確かにハラール*と書いてあるレストランやシールの貼ってある食品は最近増えていますね。

中田　これって実は「コシェル」の真似なんだよね。

和田　コシェル？

中田　旧約聖書に起源するユダヤ教徒の食事規定で、彼らはその証明を与えることをビジネスにしているんです。しかもたくさんの団体を作って、それぞれの食品を認定しているから、さまざまな証明を集めようとするとものすごく食費がかかってしまう。

和田　イスラームではもともとハラールはやっていなかったんだ。

ハラール
「合法的」もしくは「許可」という意味。食材や調理法に関することだけでなく、イスラーム法で許された項目をハラール、禁止される項目をハラームという。

中田　イスラームのクルアーンやハディースにはもともと「酒、豚、盗んだ食べものを食べてはいけない」と一般的なカテゴリーが書いてあるだけで、個物がそのカテゴリーに当てはまるかどうかは個人の判断に委ねられています。だから個別の食品についてては、食べていいかどうかを、一人ひとりがアッラーに問いかけて判断するべきなのです。クルアーンやハディースの記述を越えて、何がハラール（許されている）であるとか、ハラーム（禁じられている）であるとか、権威を装って人々に押し付けるのは、神と人間を仲介する聖職者を厳禁するイスラームにとって、あってはならない神に対する大変な冒瀆なんです。

和田　そもそもイスラーム教は、快楽に走らせないために酒とか豚肉といった美味いものを禁止したんですよね。

中田　実際、私も豚肉好きだった（笑）。そうそう、ロースカツとか大好きでしたよ。

和田　中田さんは、イスラーム教に入信する前の日にトンカツをお腹いっぱい食べたと言っていたじゃないですか。そこで未練は断ち切ったのですか？

中田　それは確かに断ったね。うん。私は基本的には甘党だから、甘いものがあればいいいんですよ。

お金を握る民族、金より楽をとる民族

和田　日本でもハラールをビジネスに利用しようという動きは盛んになっているようですね。

中田　ハラール証明を始めたのは誰なのかというと、マレー人です。マレーシアで政治権力を持つマレー人がその利権で働き

者の中国人からずっと搾取していたんだけれど、それを世界レベルに広めようというのが、実はハラール証明なんですよ。マレーシアでは、『ウォールストリートジャーナル』の報道でナジブ首相が7億ドルの賄賂が発覚したのを政府の調査委員会が合法的な献金と言いくるめた件が話題になりましたが、マレーシアというのは、実は上から下まで利権と賄賂漬けの国で、ハラール証明というのは、マレー人の利権あさりの新しい手口なんです。日本の役所とその取り巻きの利権屋たちがマレーシアの利権屋たちの手口に気付いてそれに便乗して仕掛けたのが、今の日本のハラール食ブームの実体です。

――驚きました。なんだかありがたみがないですね……。

中田　ハラールフードは、実はマレーシアとシンガポールの合弁事業なんです。

和田　マレーシアとシンガポール。この2ヵ国は、ポジとネガの関係ですからね。一時期はシンガポールの中国人がマレー人を搾取していました。それが、マレー革命*が起こって中国系の人はシンガポールに逃げ、彼らの持っていた土地や資産をマレーが全部没収したという時期があったのです。

中田　もとはといえば、華人とインド人をマレー半島に連れていったのはイギリスです。パワーバランスとして、インド人はゴム農園で農民として働かされ、中国人はよく働くから商業労働させるというので連れてきたんです。中国人は基本的に現世利益の人達だから、ひたすら働く。一方、マレー人たちは何もしないのですが、イギリスがマレーにスルタンという君主号を、宗教的なお飾りの権力として残したから、マレー戦争で独立してからはスルタンが政治権力をそのまま引き継いでマレーシアはマレー人の国だということになったのです。

マレー革命
第二次世界大戦後、マレー半島ではマレー人を中心とした独立運動が盛んになり、1948年にイギリス統治下でペナンやマラッカも含めマラヤ連邦として独立。6年後には、シンガポールも含めた「マレーシア連邦」が誕生した。

和田　そしてシンガポールは、独立戦争をして今のシンガポールになったと。

中田　東南アジアはみんなそうですが、基本的には経済を牛耳っているのはみんな華人です。フィリピンのことだけは、私はよく知らないけれどたぶん似たような感じだと思います。

和田　僕がフィリピンと中国の戦争はないと見ている一番大きな理由はそこです。結局、中国はあの国の金を押さえているから。

中田　中国の人は本当にお金が好きで働き者です。一方の東南アジアの人たちは華僑に比べて圧倒的に働かないんだけど、それが悪いわけでもなんでもない。彼らは「拝金教」じゃなくて、楽に生きるのがいいっていう、言わば「楽教」なんですよ。

シンガポールは、独立戦争
マレーシア連邦誕生後、マレー人優遇を図りたいマレーシア中央政府と中国人が大半を占めるシンガポールで不平等による抗争が勃発。マレーシア連邦ラーマン首相とシンガポール人民行動党李光耀（リー・クアンユー）は両者の融和が不可能と判断。１９６５年に独立国家シンガポールが誕生した。

和田　気候が温暖で、自然が豊かだという背景もありますね。働かなくても飢え死にしないでしょう。北朝鮮という国が地理的にすごく不利なのは、働かないと飢え死にするからです。

中田　寒いですからね。

和田　キューバの共産主義*が潰れなかったのは、生産性がいくら上がらなくたって餓死者が出なかったからです。

中田　南方系の人々のほうが気楽に生きているのは、宗教にかかわらずどこも同じですね。

和田　人間以外のすべての動物は、飢えるまでは働かないでしょ。ライオンは怖いって言うけど、ライオンだって腹が減ってないときには獲物を襲いませんよ。ゴロンと寝ているだけだから（笑）。

キューバの共産主義
キューバ共産党は1925年に結成され、1959年のキューバ革命でカストロ議長（フィデル・カストロ：2011年に引退）がアメリカ合衆国の傀儡政権であったバティスタ政権を武力で倒し、キューバを社会主義国家に変えた。以来、共産党の一党独裁体制。1人当たり名目GDP（国連統計）は6985USドルで213ヵ国中103位（2013年）、公的教育費の対GDP比は12・

83％で162ヵ国中2位（2010年）、医療費の対ＧＤＰ比率は8・59％で188ヵ国中48位（2012年）（出典：世界銀行）

中田　基本的には、動物は労働しなくても生きていけますから。少なくとも、貯蓄はしてないよね。

イスラーム教には「労働」という言葉はない

中田　イスラーム教にも、少なくとも我々が考える「労働」という言葉はないんですよ。

――ええっ!?

中田　たとえば、「アマル ʿamal」という言葉は、「ワーク」と訳せるのですが、礼拝をするとか断食とか、「善い行い」をすることもアマルなのでね。それと区別した、いわゆる日本語の「労働」という言葉に当てはまる単語はもともとないのですよ。

――では、収入を得るための労働という考え方は？

中田　「稼ぎ（kasb）」、「生計（maʿāsh）」という言葉はありますが、人生において全然重要じゃないですね。というか、イスラーム法に反した「稼ぎ」や「生計」に気を付けろ、としか言われないのです。

和田　むしろ、「労働が大事だ」と説いている宗教ってあんまり聞いたことがないですよね。

中田　ないですね。

和田　ヨーロッパの人たちに聞くと、労働というのは「レイバー labor」で、これは苦役という意味になるんです。フランスでは未だに労働組合の人たちは「定年を早くしろ！」と言っているわけです。日本ではいかに使えない社員を早期退職させるかで企業が頭を抱えているというのに。

中田　労働は苦役だから早く解放されたほうがいい。

和田　定年制を発明したのはドイツなんです。ビスマルク*が、当時のドイツの平均寿命の50歳まで生きた人は、長寿のご褒美として、労働しなくても食べられるようにしてあげるという政策をとったのが始まりなんです。だから、定年というのは労働から解放されるために本来、年金とセットなのが当然。日本のように年金の受給開始時期をお上《かみ》の都合で遅らせるなんてことは、あってはならないことなんです。

中田　旧約聖書でも、もともとアダムとイヴは楽園にいて働かなくても食えていたんです。ところが神の命令に背いて楽園を追放されちゃったから、苦役として働かされたのです。

ビスマルク
オットー・フォン・ビスマルク（1815〜98年）。1862年にプロイセン首相に任命され、ドイツ帝国を樹立。社会主義運動を徹底的に鎮圧する一方で、世界に先駆けて全国民が加入する社会保険制度を創出した。尚、定年制度については、ビスマルクが手ごわい政敵達を引退させるために創られたという説もある。

和田　ヒンズー教なんかが一番いい例かもしれない。カースト*制で一番上のバラモンというのは、働かないで勉強だけしているんですよね。一日中、数学の問題を解いているバラモンに、下のカーストの人たちが寄進するのです。

中田　そうそう、イスラーム語で指導者という意味の「ラーイー」という言葉の語源は「羊飼い」ですから。「羊の群れ」を指す「ライーヤ」は、今も「人民」という意味に使われているんですよ。ここからもわかるように、労働倫理なんてもともと存在しなかったのです。

――イスラームには、今も労働倫理はないんですか？

中田　イスラームというより、アラブのムスリム社会での話で言えば、ないですね。働かなくていいなら誰も働かないですよ。

カースト制
インドに特有の社会制度。世襲の職業集団に血統が加わり、通婚の禁止や生活の細部にわって規制が加えられている。
〈上位カースト〉
バラモン：バラモン教の司祭など宗教的な支配者階級
クシャトリヤ：武士または貴族。政治的、軍事的支配階級
ヴァイシャ：農耕牧畜、手工業にあたる生産者、庶民階級
〈下位カースト〉
シュードラ：もともとは隷属民とされた被支配者階級

――でも会社はあるわけでしょう？

中田　会社はあります。ただ、「働く」という概念が我々と違って、ダイレクターにしかならないのです。

和田　ダイレクターってディレクターのことね。

中田　ふんぞり返って、「うん」と言ってハンコを押している人間がダイレクター。これがアラブ人です。で、働くのはみんな奴隷に近い出稼ぎ労働者なんですよ。

和田　石油が出て国が豊かになるってそういうことですよね。クエートでもサウジアラビアでも、国籍を持っている人は働かなくても勝手に金が入るんですよね、確か。それで出稼ぎ労働者はみんな、国籍をずーっと持たせてもらえない。

中田　そうそう。いつでもクビにすることができるというようなやり方なんですよね。ナイル川からエジプト、チグリス・ユーフラテスのあたりは農耕文明なので少しは働きますが、そもそも遊牧民だった湾岸で、今、成り金になっている人たちは働くといっても、ただ威張っているだけです。我々が考えるような働き方をする人間は誰もいないんです。

和田　タイに行ったとき、タイ人の観光ガイドさんが土木労働者を指して「タイ人はあんな汚い仕事はしません」とか言うんですよ。その後、夜になってゲイのストリップパレードみたいなのを見せられて、「でも、これはタイ人がやっているじゃないですか？」と言うと「これはいい、汚くない」と。エンターテインメントであれば、どんな内容でもきれいな仕事らしいんです。

中田　芸事というのは、基本的には神事ですからね。神を祀るという役割で神聖娼婦*というものもあるでしょう。今の我々が考えると、なんら娼婦と変わらないのですが。

和田　日本でも、芸者の発祥はそうですからね。神の生まれ変わりということで、ものすごーくありがたい存在だったんですよ。

中田　ともかく、「働いている人間」というのは、一番下の存在なんです。むしろ、日本人は、なんでみんな働きたがるのかなあってムスリムの人からは不思議に思われているんです。

和田　農耕民は、実際に働かないと生きていけないですからね。ただ、農耕民族だって、実は働く人より上なのは、雨乞いなんかの祈禱をする人たちですよ。

神聖娼婦　宗教上の儀式として神聖な売春を行う者。

中田　そうですね。政治は祭り事（政《まつりごと》）なんですよね。

和田　そもそも論として、なぜ天皇陛下をみんなが尊敬するかというと「祭りの主」だからですよ。たとえば飢饉《ききん》とか天変地異が起こるとする、そうすると、お祈りの力が足りないってことで責任を取って退位させられることが昔は原則だったんですから。

アメリカが日本を改宗できなかった理由

和田　だから、昭和天皇ほど天皇家の歴史上、稀に見る人はいないんです。敗戦後に絶対に退位していないとおかしいのに、在位し続けたわけですから。

中田　日本は、ずっと大きな戦争もないし、太平洋戦争以外は外国に負けたこともないという平和な歴史を歩んできたからあまり例がないのですが、もともと王様っていうのは最高祭司なわけで、飢饉や災害が起きたりすれば呪力が足りなかったということで、殺される立場です。政治というのはそういうもの。政治と祭り事は一つですからね。

――もし、終戦後に昭和天皇が死罪となっていたら、日本はどうなっていたと思いますか。

和田　日本人って従順だから、事実は事実として受け入れていたんじゃないかと思いますよ。大戦末期の日本人は、「戦争に負けたら全財産を没収され、女は全員、娼婦にされる」というのを本気で信じていました。それだから戦況が悪くなり人がどんどん死んでいっても、戦い続けたわけじゃないですか。「一億総玉砕」だって……。

中田　ただ、昭和天皇が殺されていたら、共産国化していた可能性はあると思いますね。

和田　それを恐れてアメリカが天皇を殺さなかっただけの話です、情ではなくて。つまり、日本型の階級を残しておいたほうがアメリカの支配にとっては有利だったから残しただけのことです。

――アメリカは戦後の日本に、宗教的な関与もしなかったわけですよね？

中田　いや、当然しようとしましたよ。キリスト教宣教師とかをいっぱい送ったんだけど、全部失敗したんです。

和田　実は、キリスト教の宣教というのは、科学力と物理以外では、どこの国でもほとんど成功していないと言ってもいい。

中田　明治維新のときにも、キリスト教化することで日本人を先進国化しようとした指導者がたくさんいましたよね。それで同志社大学*とかキリスト教系の学校が次々と作られたのですが、日本のキリスト教信者は、結局ほとんど増えなかったんです。私がいた頃の同志社でも、学生、職員などのキリスト教徒は１％ほどでしたからね。

和田　例外が韓国ですよね。

中田　それと今の中国です。物質文明＝キリスト教ということで、中国ではキリスト教信者が着実に増えているんですよ。で、彼らはキリスト教と科学は同体だと思っていますが、基本的にはそうではないのです。ヨーロッパの歴史を見ればわかるとおり、文明はキリスト教の教えから離れることによって近代化したのです。

同志社大学
京都市上京区。明治六大教育家の１人である新島襄が１８７５年に創立した同志社英学校が前身。

和田　キリスト教が一番盛んな国というのは、むしろアフリカみたいに植民地化されているときに宣教されたところなんです。アメリカがいい例で、黒人のほうに熱心なクリスチャンが多いですよね。

中田　非常にエヴァンジェリカルなキリスト教なんですよ。とにかく歌って踊って、っていう――。

――「エヴァンジェリカル」って何ですか？　『エヴァンゲリオン』*の語源ですか。

中田　「福音主義」*という意味です。まさに「エヴァンゲリオン」の語源ですよ。異教徒から見ると、科学とキリスト教のつながりなどほとんど感じられないでしょう。しかし熱心な信者にとっては、一つのつながりと感じているのです。民主主義と自由は、まだキリスト教とつながっていると感じられるけれど

『エヴァンゲリオン』
巨大な人型兵器「エヴァンゲリオン」のパイロットとなった少年少女たちと、第3新東京市に襲来する謎の敵「使徒」との戦いを描いた人気アニメ。

福音主義
伝統を重視するローマ・カトリックに対して、聖書の伝える福音に信仰の中心を置くことを主張するプロテスタント。最も広義にはプロテスタンティズムのこと。

も。

和田　フランス革命などでもわかるように、民主主義革命を起こす原動力になってきたのはキリスト教なんです。人々は同じ人権を与えられているはずだから一人一票で、王様だけが権力を持つのはおかしいという政治革命は、ある種のキリスト教の名前を使って行われてきました。ドイツにはいまだにドイツキリスト教民主同盟*という政党がありますしね。

中田　イスラームの場合、その意味での人権は認めないし、民主主義も認めていないから、キリスト教から見るとイスラームは野蛮な宗教だというふうに思うのでしょうね。科学とキリスト教の関係というのは我々ムスリムにはまったくバカバカしいとしか思えないけれど、民主主義と自由はある程度、キリスト教的な根を残していますからね。

ドイツキリスト教民主同盟
ドイツ連邦共和国の政党。１９４５年に結成され、キリスト教民主主義、自由主義、社会保守主義を基本綱領の中心に置いている。あらゆる人々に開かれており、すべての人間の尊厳、自由、平等を認めている包括政党である。

和田　ところが、そうやって天賦人権説を唱えてきたキリスト教の信者が拝金教にどんどん転向して、貧しい人の人権は奪われ、富豪に富が集中するようになった。博愛思想も、すべての人に同じ権利があるという思想も消えて、貧しい人は飢えたって仕方ない、というのが現実ですよ。

戦争を抑止するのは、宗教より商業なのか

――つまり、キリスト教という宗教は「欲望の制御装置」になり得なかったとお二人とも考えていらっしゃるのですね？

中田　なり得なかったですね。

和田　ちょっとだけなっているとしたら、先に話した寄付文化ということだけど……。残念ながら、なり得ていないと思います。中田さんみたいな純粋なイスラーム教徒は、拝金教とはま

ったく違う、もともとのイスラーム教を信じているし、ユダヤ教も内部の人たちに対しては拝金教じゃないのです。内部の人たちからは利息を取ってはいけないし、「よりよく勉強する」とか「助け合う」というすすめがありますからね。

中田　商人というのは、武器商人を除けば平和のほうが好きだから、そういう意味では、「商い（金儲け）が世界を平和にする」という側面はもちろんあるでしょう。

和田　確かに商人は、革命も含めて変化を嫌います。なぜなら、変わることで自分たちの財産が没収されたりするというのは、歴史的に見ても明らかですから。

中田　まさに「金持ち喧嘩せず」ですよ。秩序を守るということが、商人文化の一つの特徴ですからね。

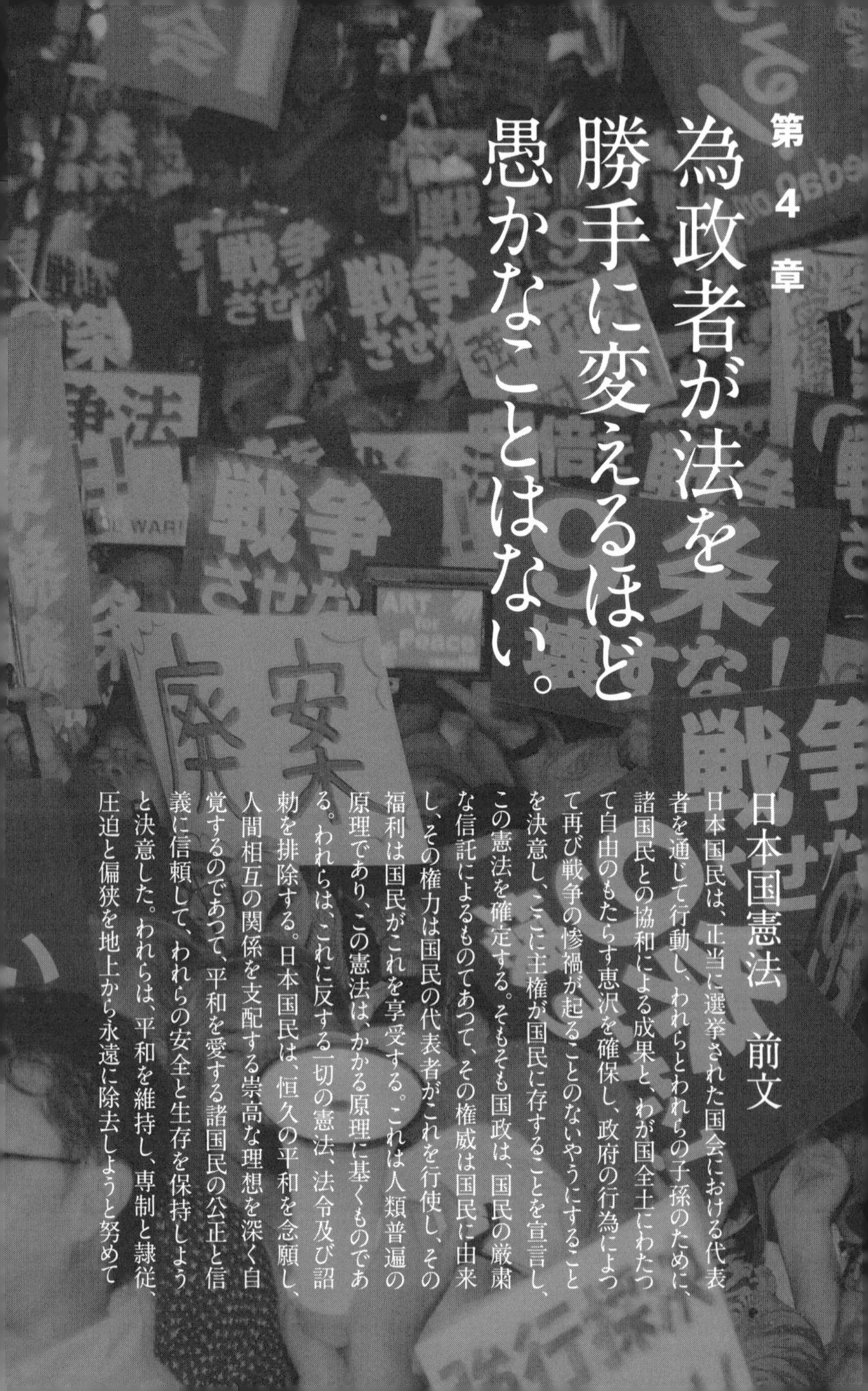

第4章

為政者が法を勝手に変えるほど愚かなことはない。

日本国憲法　前文

日本国民は、正当に選挙された国会における代表者を通じて行動し、われらとわれらの子孫のために、諸国民との協和による成果と、わが国全土にわたつて自由のもたらす恵沢を確保し、政府の行為によつて再び戦争の惨禍が起ることのないやうにすることを決意し、ここに主権が国民に存することを宣言し、この憲法を確定する。そもそも国政は、国民の厳粛な信託によるものであつて、その権威は国民に由来し、その権力は国民の代表者がこれを行使し、その福利は国民がこれを享受する。これは人類普遍の原理であり、この憲法は、かかる原理に基くものである。われらは、これに反する一切の憲法、法令及び詔勅を排除する。日本国民は、恒久の平和を念願し、人間相互の関係を支配する崇高な理想を深く自覚するのであつて、平和を愛する諸国民の公正と信義に信頼して、われらの安全と生存を保持しようと決意した。われらは、平和を維持し、専制と隷従、圧迫と偏狭を地上から永遠に除去しようと努めて

ゐる国際社会において、名誉ある地位を占めたいと思ふ。われらは、全世界の国民が、ひとしく恐怖と欠乏から免かれ、平和のうちに生存する権利を有することを確認する。われらは、いづれの国家も、自国のことのみに専念して他国を無視してはならないのであつて、政治道徳の法則は、普遍的なものであり、この法則に従ふことは、自国の主権を維持し、他国と対等関係に立たうとする各国の責務であると信ずる。

日本国民は、国家の名誉にかけ、全力をあげてこの崇高な理想と目的を達成することを誓ふ。

第2章　戦争の放棄　第9条

（1）日本国民は、正義と秩序を基調とする国際平和を誠実に希求し、国権の発動たる戦争と、武力による威嚇又（また）は武力の行使は、国際紛争を解決する手段としては、永久にこれを放棄する。

（2）前項の目的を達するため、陸海空軍その他の戦力は、これを保持しない。国の交戦権は、これを認めない。

拝金教と日本男子の結婚難

和田　結局、拝金教以外の宗教では、負け組や弱い人にも何らかの救いがあるわけですよ。つまりどんな宗教にだって、祈っていれば天国に行けるとか、何か善行していたらいいことがあるとかね。

――　それが現世利益ではないとしても？

和田　現世利益じゃなく「ジハードに参加すれば天国に行ける」とかでもいいのですが、どの宗教にも多少の救いがありますよね。でも、拝金教ほど救いのないものはないのです。貧乏なのは「自己責任」だし、今だったら、「金がないと結婚すらできない」しくみになっているのですから。

――日本の少子化というのは、まさに拝金教のせいですか？

和田　だって、結婚している夫婦が生む数（完結出生児数）*は１９７０年当時とほとんど変わっていません。結婚しないから少子化が蔓延《はびこ》っているわけで――。

中田　草食男子などの話は本当は関係ないんですよ。事実、どんどん若者が貧しくなってきて、欲望が持てなくなってきているんです。その一方で老人たちはいつまでたっても欲望が枯れない。今の日本は年寄りだけが革命、革命と言って世の中を変えていこうと言う反面、若者たちが保守的でしょう。家も欲しくないし性欲もない。今のレベルだけでも守りたい。戦争しなくて済んで、とりあえず食っていければいいやというふうにね。

和田　今、我が国の生涯未婚率*が50歳男子で20・14％でしょう。

完結出生児数
厚生労働省が行う出生動向基本調査の結果から発表される、夫婦の最終的な子どもの数のこと。１９７２年の調査結果では２・20人で、２０１０年の調査結果は１・96人。

生涯未婚率
「45～49歳」と「50～54歳」未婚率の平均値から「50歳時」の未婚率（結婚したことがない人の割合）を算出した数字。１９９０年時点で男子５・57％、女子４・33％、２０００年時点で男子12・57％、女子５・82％、２０１０年時点で男子20・14％、女子10・61％とうなぎのぼり。

男子が結婚しない理由の最大の要因は「金」ですからね。

中田　本来は、貧しい人ほど出生率が高いというのが、世界的な傾向ではあるけれど。日本だけがちょっとおかしなことになっています。

和田　日本は拝金教の信者（の集まり）だから、金がないと結婚しちゃいけないと思っているんですよ。

中田　バカな話ですよ。

和田　負け組の人たちは貧乏を自己責任と思わされ、自分たちは結婚する資格もないと思っています。いわゆるカースト制の一番下の人たちが、「自分はそういう業《ごう》を背負っているから」と思って生きるのと、同じことが日本でも起こっているんじゃないでしょうか。

中田　拝金教でも権力教でも、短期的に見ると成功したように見えるけれども、それをやっているといずれ全体が滅びるようにできているんですよ。

和田　大金持ちの息子がタイでいっぱい子どもを作っちゃった*事件があったけど、倫理的な問題を抜きにするとユニークな話だと思うんですよね。だって、今の金持ちというのは金銭トラブルの元になるから外に子どもを作らないという発想になってきているわけですよ。だからどんどん人口は減って市場も小さくなってきています。それ以前に、金持ちに富が集まれば、おのずと中流が減ってくるから市場はどんどんシュリンク（小さくなること）してしまいます。

中田　そうすると、日本がいずれ拝金教によって滅ぼされるということになるわけです。それが50年後なのか１００年後なの

大金持ちの息子がタイでいっぱい子どもを作っちゃった事件
２０１４年８月、タイの首都バンコクのマンションで乳幼児９人が保護され、日本人の父親が代理出産で産ませたとみられる事件。父親とみられる重田光時氏は現地の代理出産業者に「子どもが１００人に増えるまで代理出産を続けたい」と語っていたという。

か200年後なのかはわからないけれど。

——そんな中で、『ビッグダディ』*の視聴率はなぜ高かったんでしょうか。

和田　あんなに能天気に、たくさん子どもを作っていることに憧れるんじゃないですか？「自分にはとてもできない」と思っているわけですから。

中田　ビッグダディって何ですか？

和田　数年前まで何年か続けて元旦にやっていたテレビ番組ですよ。借金抱えた貧しい家庭で奥さんを何度も変えて、子どもがたくさんいて。ビッグダディって言われている定職に就かない父親が飯炊いて缶詰3コぐらい開けて、それをちゃぶ台囲んでみんなで食べるシーンとかを毎年正月に特番やって、どの番

『ビッグダディ』
大家族スペシャルとして、通称ビッグダディ林下清志氏とその8人の子ども達、及び再婚した妻とその子ども達などとの決して裕福ではない生活を長期取材したテレビ朝日のドキュメンタリー番組。2006年9月〜2013年12月までの7年間に通算32回放映された。

組よりも視聴率が高かったらしいんです。

中田　へぇ〜。

――でも本当は、ビッグダディが貧乏でないことがバレちゃった。テレビ局が相当な額の出演料を払っていたということが週刊誌でスクープされて、貧乏生活は「やらせ」だったと……。

和田　結局、テレビ番組は日本人のわかりやすい貧困を虚構で作ったわけです。本当の貧乏を映すのは差別的な問題があってなかなかできないから、ああやってキャラクター化するというか、カリカチュアライズ（戯画化）して見せる。『24時間テレビ』なんかで貧しい国を見せるのも同じで、貧困というテーマが日本人の娯楽として消費されているからすごいですよね。

――そうなんです。「ああ、これに比べたら私なんてまだまだマシに生きているな」と思える装置が欲しいんですよ。

中田　なるほど。アウトカースト*（不可触民）を作るのは、世界のどこでも行われていることですよ。士農工商だってそうでしょう。士農工商の下に非人という層を作って、「我々のほうがマシ」という意識を植え付けていたわけですから。世界のどこでも昔からある話です。

和田　それと同じことを、今、メディアがやっているんです。拝金教が広がることで国民の生活水準が下がってくると、その国で作られるものの質が落ちていきます。そうすると、中国や韓国の製品にどんどん勝てなくなって、ますます外国に売れなくなるから、国内で金儲けしなくちゃいけなくなります。拝金教の負け組の人たちに、どんどん金を使わせるにはどうしたらいいかということで、人々をギャンブル依存か、アルコール依存か、ゲーム依存にするか。それが今の依存症ビジネスのカラ

アウトカースト
本来、カースト制度（ヴァルナ・ジャーティ制）の外側にあって、インドのヒンドゥー教社会において最も差別される人々を指す。

クリですよ。

中田　そんなことをビジネスにしたって、いつまでももたないのはわかりきっているはずですがね。今の日本やアメリカに蔓延る拝金教システムは、いずれは自滅するものなので、何とかしないといけないんです。だからといって、ルサンチマン*から革命を起こしても、貧乏人のひがみで体制を変えてもあまりいいことにはならないでしょうし。

和田　でも、拝金教の人たちって、自分たちが何百億も遺産を残せたら、それで天国に行けると思っているんじゃないんですか。たとえ、その行為で誰かから恨みを買っても、子孫代々がずーっと豊かな暮らしができると信じているのかもしれないですよ。

中田　それは本当に虚しいことですよ。お金なんか、とくに通

ルサンチマン
「恨み」あるいは「憤り・怨恨・憎悪・非難」。被支配者あるいは弱者が、支配者や強者への憎悪やねたみを内心にため込んでいること。

帳に記された数字上のお金なんて持っていたって、何の役にも立たないわけです。全部幻想だし、麻薬のようなものであって、本当には楽しいものでもないんですよね。

和田　いつか日本という国が無価値化して、たとえばドイツが第一次大戦後に経験したようなハイパーインフレ*が起きれば、100億円なんて平気で1円になっちゃうわけです。実際日本人の貯金は、安倍政権になってから、利子がつかないのに知らないうちにドルベースで3分の2*になっているわけですから。

子孫に美田を残す発想はイスラームにはない！

――子孫に財産を残すことが美徳という発想はイスラーム教にはないんですか？

中田　ないない、それはないですね。

ハイパーインフレ
物価水準が年に数倍以上上昇する急激なインフレのこと。ドイツでは、第一次大戦後、連合国に支払う多額の賠償金が課せられた上、戦中から乱発していた戦時国債で進行していたインフレに拍車がかかった。大きな支出に耐えきれなくなった政府はさらに紙幣を乱発し、歴史上例を見ないハイパーインフレを引き起こした。

ドルベースで3分の2
安倍政権が押し進めるアベノミクスのもとで、円から見たドルの価値は1・5倍に高騰、つまり円の価値が3分の2以下に急落したことになる。よって賃金、年金、預金などが、ドルベースでは3分の1カットされたのと同じ影響が出たとされる。

和田　使ってこその美徳ですか。

中田　残したって仕方ないです。そもそもお金というのは交換のためにある道具じゃないですか？　縛られるほどのものではりません。

和田　やはりそこに、先人の知恵があるんですよ！　宗教をバカにしちゃいけないのはそこですよね。金っていうものは名誉とか学歴と違って、次の代に持ち越せるでしょ。そうすると、持ってさえいれば下の代の人間も金持ちになれるわけだから欲望が際限なく連鎖される。だからこそ、「金儲けが一番偉い」ということになると、いわゆる当たり前の秩序とか道徳が乱れます。イスラーム教はそれをわかっているんだと思うんです。

中田　人間というのは唯一、記号操作できる生きものなんです。

記号操作によって人間は人間になり、それによって世界を支配できるようになったわけです。しかし記号と現実とのズレというのは当然あります。つまり記号操作できるということは、現実の存在と対応していない記号も作り出してしまうということです。そこをどう対処するのかということが、人間にとって一番大きな問題になってきています。

和田　つまり、紙幣はただの記号のついた紙切れでしかないということを、中田さんは言っているんですよね。

中田　そうです。

和田　マスメディアが発達してくると、記号操作というのは、あっという間にできてしまうんです。「富」も「美」も「幸福」という概念さえも、その価値観は操作されているということに気が付いたほうがいい。

中田　記号っていうのは人間にとって非常に重要で、大切なものではあるのですが、非常に危険なものでもあるのです。それが偶像崇拝*の問題につながるんだけどね。

和田　なるほど、偶像崇拝に行き着くわけだ。

中田　イスラームは現実と対応した記号というものにこだわり、記号と現実とがズレて離れていくことを常に警戒する宗教なのですが、お金の問題もそうだけど、実はその偶像崇拝がまさに形をとった仏像というのは、一番あからさまな記号操作の問題だと捉えます。

和田　イスラームだけじゃなくて、本来の仏教やキリスト教でも同じなんですよね、実は。

偶像崇拝
像や宗教画などを神そのものの代わりに崇拝し、それに向かって祈りを捧げようとすることが偶像崇拝。偶像という言葉は「本体とは異なった偽物、虚像」という意味としても理解され、「本体を見えなくする」「堕落」につながるとされる。ユダヤ教でも「偶像崇拝の禁止」を重大戒律としている。

イスラームが仏像や遺跡を破壊するのはなぜか？

――今、ＩＳがあちこちの仏像を破壊していて、世界中から非難を受けていますが。ああいう映像を見ていると、やはり怒りを覚えるのが日本人の感覚ではないでしょうか。

中田　あれは偶像崇拝ですからね。結局、拝金教と同じなんですよ。そういったものに価値があると言って拝んでいるのか、彼らはそれを試しているんですよ。

本来、イスラームでは遺跡は保存しなければなりません。しかしそれは、遺跡自体に価値があるからではないのです。遺跡は崇めるためにあるのではなく、どんなに栄えた文明も神の加護がなければ滅びるとの教訓を得るためにあるのですから。それはクルアーンが「それゆえ地上を旅し、不信心な者たちの末路を考えよ」と繰り返している通りです（3章137節、6章11節、16章36節など）。

ＩＳがあちこちの仏像を破壊　イラク北部の世界遺産「ハトラ遺跡」や「ニムルド遺跡」の破壊。同じくイラクのモスル博物館の破壊、図書館や大学に収蔵されている文献の遺棄、持ち出し、シリア中部の古代遺跡パルミラにあるバール・シャミン神殿など、メソポタミア文明の遺産を次々に破壊している。

和田　僕は、ＩＳの破壊行為自体は、もちろん間違っていると思います。しかし一方で、偶像崇拝を禁止するという意義も理解できるのです。特に、ああいう仏像とか建築という偶像に価値がついて、骨董美術品としてすごい金額で取引されているわけですから。つまり、拝金教につながっている一面もある。

中田　仏像が骨董美術品として高値で売れるなんて、本当にバカバカしい話ですよね。値札のついた時点でその仏像とか石像は、全部、堕落した形態なんですよ！　もともとは、神がいて聖なるものの象徴だったわけでしょう。だから、世界中の誰もが、それらに金銭的な価値を見出さなくなったら、破壊する必要もないわけです。

――　ＩＳは、仏像は壊していますが、キリスト教系の彫像などを壊してはいないのですか。

中田　イスラームは法の宗教なので、誰が持っているかが重要なんです。

――……？

中田　つまり、キリスト教徒が内部に財産として持っているものは壊してはいけないのです。それは彼らのものだし、イスラームは人の所有を認めていますから。

和田　要するに、家の中というか、所有地の中にある限りはいいんですね。家の外にあるものは……。

中田　家の外にあるものっていうのは誰のものでもない、ただのガラクタなんです。だから壊してもいいということです。これは2001年2月にバーミヤンの大仏*がタリバンに破壊され

バーミヤンの大仏

たときに、私がやった議論なんですけれどもね。イスラーム法的に言うと、偶像は財貨ではない。価値のない、ただのガラクタだからゴミと同じように潰して捨ててもいいということになるわけです。

でも、たとえゴミであっても、他人の持ちものであったら勝手に処理しちゃいけないんですよ。

和田　誰が持っているかが重要って、そういうことですね。

中田　そう。まず我々は財産権から考えますからね。誰のものなのかってことで、それは守られるのかどうかで考えるので、自分のものであれば我々の「偶像崇拝を禁止する」という価値観で処理してもいいということになるわけです。

和田　なるほど。それがゴミと思われればね。

バーミヤンはアフガニスタンの首都カブールの北西２３０㎞の山岳地帯に位置し、多くの仏教美術が残されていることからユネスコの世界遺産（文化遺産）に登録されている。

中田　そうです。イスラームの場合はこの世のすべてのものは自分の所有物ではなく、預かりものなんですよ。だから、自分のものだからって何でも勝手に壊していいわけじゃないんです。「財」であれば、動物も無益に殺しちゃいけない。家畜の一頭だって、すべて神のものであって、人間はそれを預かっているだけなんです。イスラームの所有権というのは、そういう管理責任を伴います。

イスラームの土地所有、財産の考え方

――では、土地についてはどう考えるのですか。家を建てている土地というのは私有財産になるのですか。

中田　土地は基本的に神のもので、自分が使っているところだけが自分の財産になるという考えです。

和田　その土地は、子どもには渡せないのですか？

中田　受け継ぐことはできます。ただし、今のイスラーム世界には国家というものがあるけれども、もともと土地は国家の財産ではなく神のものです。だから、使っている人がいなくなれば神のもとに戻るのです。私有財産で誰かの家であれば、そこに人が住んでいる限りその家は守られるけれども、住む人がいなくなってしまえば守られないんですよ。

和田　そうすると、「誰が持っているかが重要」というのは、たとえば、絵画ならば絵画そのものに資産価値があるのではなく、その絵画を誰が持っているかによって価値が決まる、ということになるのですか？

中田　いや、「価値があるか」というより、あくまで「処分権」の問題です。処分権は人間に任されているから。その絵が大切だと思う人間が持っていればいいし、要らないと思った人間は捨ててもいいという話なわけです。ただし、動物は自分の所有であっても無益に殺してはいけない。というのは、神からそう命じられているからなんです。

和田　動物は人間が作ったものではないからですね。確かに、我々日本人はイスラーム世界のことを「野蛮」というか、「非文明的」と思っていたけど、ちゃんと法が支配しているんだよね。

中田　そもそも日本では、学校で法律を教えないでしょう。

和田　普通の生活をしていたら、法律が変わっていてもまったく知らされないままです。自分の身に降りかかることが起きて、初めて「いつのまにか法律がこんなふうに変わっていた！」と知ることになるのです。

中田　だって、日本は憲法すら授業でやらないらしいから。

法律とは何か？　憲法は何を縛っているのか？

――日本の改憲について。９条改正が、今こんなにあからさまに言われていることに関してはどう思われますか？

中田　私はもう、そんなことに絶望しきっていたから、イスラーム教徒になって、移住しようと思っていたわけで。基本的には日本の行く末に希望は持っていないんですよ。だいたい、最初から日本は法が支配していない国なのだから、改憲も何もありません。もともと守っていないのですからね。

和田　改憲に賛成の人も反対の人も、「憲法」って何かを本質的にわかっていないんじゃないかと思います。

中田　「国の理念」なんていうけれど、それってどういう意味なのか、ワケわからない。

和田　憲法というのは、そもそも国を縛る法律なんですよ。この範囲内でしか法律を作っちゃいけませんよとか、この憲法があるから、ある種の搾取をするような法律を作っちゃいけませんよ、という縛りなんだから、それを為政者が自分の都合で勝手に変えていいかどうかっていうことがまずあります。日本は憲法9条で「外で戦争をしてはいけません」というふうに国を縛ってきたわけですよ。そして、今「戦争をやるために変えようとしているんでしょう？」と言われて、安倍さんは「そうじゃないんだ、平和維持のためだ」と言っているわけだけど。そもそも論として国を縛っているものをどう変えるのかということでしょう。これに、誰も答えられていないんじゃないでしょうか。

中田　さらに言うと、本当は法律すらすべてが国を縛るものなんですよ。たとえば、「殺人罪」とは普通に考えると、「我々市民が人を殺してはいけない」という縛りかと思うかもしれないけれども、実はそうじゃない。

――違うんですか？

中田　違います。人を殺した人間に対してはこういう罰を与えられる。あるいはこういう罰しか与えられない、ということを規定しているのが法律なわけです。

和田　たとえば、あなたの親を僕が殺したとしましょう。そうするとあなたは僕に仕返しをしたくなる。でも勝手に仕返しをし合っていたら、社会秩序が維持できないから、復讐を禁じて国が代わって罰してあげますよ、というのが殺人罪の基本的な考え方なわけですよね。

――法律は私を守るものではなく、あくまで社会秩序を守るものということですか？　殺人罪においてさえも？

中田　だから、法律のどこにも「人を殺してはいけない」とは書いていないでしょ。殺してしまった場合に、国はその人をどういうふうに処分するかというのが決まっているだけなんですよ。

和田　そうそう。

中田　すべての法律はそういうふうにできています。だから本当は、法律というのは警官をも縛る。政府をも縛る。憲法だけじゃなくて、すべての法律というのは国家に対して向けられている。だけれども、我々はそう思っていないでしょう。

和田　「我々は〇〇をしてはいけない」と書いてあるのが法律だって勘違いしている。しかし「これをしてはいけない」が法律なのではなくて、「これをしたら、こんな目に遭いますよ」というのが法律なんですよ。

中田　もっと言えば、「こんなことしても、こんな目にしか遭わせられませんよ」というのも法律なんですよね。

和田　そうそう、死刑のない国だと、「あなたが人を殺してもあなたが殺されることはありません」ということが保証されているということです。

中田　交通違反をしたからといって、「お前は悪いヤツだから」と言って殴っちゃいけないということを決めているわけです。

和田　シンガポールの刑罰[*]には、たとえば「ムチ打ち」という罪の償わせ方もあるわけですが。シンガポールであれイスラームであれ、「ムチ打ち」だの「殴る」だのという刑はすごく非道な振る舞いみたいに思われているけれど。それが済んだら余計なそれ以上の罪を負わなくていいわけでしょう。

中田　そうなんですよ、そのとき我慢すればそれで終わるわけですから、捕まるほうがずっと困るという話もあるんです。

和田　なるほど。一瞬我慢すればいい……辛いけれど（笑）。未決勾留されていつまでも留置所に閉じ込められるより、全然マシですよ。実は留置所という代用監獄[*]が認められているのは、先進国の中では日本だけです。何をされるかわからないじゃない。

シンガポールの刑罰
壁の落書きなど公共物汚染、芸術文化を破壊したらムチ打ちの刑。タバコや紙くずなど小さいゴミを捨てたら罰金。缶やボトルなど大きなゴミを捨てた場合は裁判所に呼ばれ、罰として掃除を命ぜられるなど、刑罰がユニーク。

留置所という代用監獄
法律上は、警察に逮捕されて3日以内に裁判官が勾留を決定すると、法務省が管理する拘置所に移され、最大10日間（特殊な犯罪では15日

中田　本来は「何をされるかわからない」ということのないように法律があるのですがね（笑）。だって、刑法というのは「警官が何をやってもいいわけではない」というのを決めている法律なんですからね。

要するに、「すべての法律は、本来は国を縛っていて、その中でも特に、政府によって変えられないのが憲法」というわけなんです。でもそんなことは、そもそも法学を教えていない日本では誰も知らないわけですよね。

――憲法改正派は、そもそも今の憲法は70年前にできた古いものであり、ましてやアメリカに押し付けられた憲法だから、ということを改正理由の一つに挙げていますが。

和田　そんなことを言い出したら、刑法*のほうが古いです。だから未だに代用監獄が残っている。

間延長が可能）拘禁される。しかし日本では監獄法により警察署の留置所にそのまま入れられ続ける。これが代用監獄制度で、他国では類を見ない。ヨーロッパ基準では警察の取り調べは、24時間、長い国でも48時間であるという。代用監獄については国連の自由権規約委員会が2度にわたって廃止勧告を行っている。

刑法のほうが古い　刑法は犯罪とそれに対する刑罰を規定した法律で、１９０７年（明治40）の草案が国会を通過し、同年４月公布。翌１９０８年10月１日から施行され、なんと現在まで効力を持ち続けている。１９９５年（平成７）に表記が口語化された。

中田　日本の法律なんて、そもそも西欧から全部押し付けられたものですよ。不平等条約を撤廃するためにね。だからそういう言い訳にはまったく意味がないんです。

改憲、安保改定、少子化。何が戦争を抑止するか

――冒頭でも伺った通り、今回の改憲の奇貨《きか》として、安倍政権はＩＳでの後藤健二さんの殺害事件を利用した、とする声もあります。

中田　もちろん、改憲は後藤さんの事件がなくてもやろうとしていたはずです。ただ、きっかけとして後藤さんが利用されたという一面はあるでしょうね。

和田　憲法を変えることによって事件が防げるだの何だのって、もう幻想以外の何ものでもないですよ。確たるデータも出せな

いわけでしょう。思い込みですよ。

中田　それに、日本の自衛隊がアメリカの後方支援に入ることになったからといって、今回のような事件で人を守れるかといったらそんなことはないでしょう。

和田　それもそうだし、後方支援をしていた自衛隊員が偶発的に地雷を踏んで死ぬような事故が起こった途端に、もう後方支援をやめよう！　という話にたぶんなるよね。人が死ぬと、戦意がなくなっちゃうんですよ。アメリカですら１００人死ぬと、もう戦争が続けられない。少なくとも議会が戦争を続ける予算をつけてくれなくなる。ところが、イスラーム世界ではそういうことはない。

中田　ジハードはむしろ喜んでやりますからね。

和田　かつて、ベトナムや朝鮮で圧倒的な兵力を持ったアメリカがなぜ負けたのかというと、そこに、「人海戦術」という言葉が生まれるようなやり方があったんですよね。撃っても、撃っても人民軍がどんどん出てきて立ち向かってくる。ロクに鉄砲すら持っていないんだけどその数の多さに、とうとうアメリカの兵士たちはノイローゼになってしまった。

中田　1000人殺すと人間は狂うと言われています。

和田　そういうふうにできているんですよ、人間って。

中田　しかし原爆とか、自分の目で見えない方法では、人間は大量殺戮ができるんです。しかし地上戦では絶対できない。ドローンなら大丈夫なんでしょうけど。

和田　そう考えると、*南京大虐殺の20万人というのはやはり誇

南京大虐殺の20万人

張だろうなと思います。虐殺自体はもちろんあっただろうけれど、それが何百人なのか、何十万人なのかということでまったく意味が違ってくるから。

中田　集団狂気にでもならない限り、できないですよ。

和田　中国は一人っ子政策（２０１５年10月に中国はこの政策の廃止を発表）なので、金持ちほど我が子を殺したくないものだから、いわゆる兵役拒否みたいなものがボチボチ出始めてきています。アメリカに移住したりね。韓国国民も、もう北朝鮮と絶対に戦争をしたくないと思っています。日本よりも少子化*が進んでいるから。

中田　だから、国家レベルで言えば、奇しくも中国の一人っ子政策というのは少しは戦争の抑止になっているのでしょうね。政府は人民が何億人死んだって全然平気なのかもしれないけれ

１９１３年12月、日中戦争中に日本が南京で行った虐殺事件について、東京裁判では20万人以上、１９４７年の南京戦犯裁判軍事法廷では30万人以上の犠牲者数と判定されている。一方、日本側の研究者からは４万人、２万人という推計も出されている。

日本よりも少子化が進んでいる　２０１２年の合計特殊出生率は韓国１・30人。日本は１・41人で、韓国のほうが日本よりも少子化が進んでいると言える。

ど、自分自身の子どもは一人しかいないわけですから。

和田　そうなんですよ。一人っ子政策を取った当時は、中国も背に腹は代えられないほど貧しかったんだと思います。だって本来ならば、人は増えれば増えるほど国力は高まるわけですから。

中田　そういう意味でも大規模な戦争は、中国はできないですよ、一人っ子政策をやったがために。

和田　日本もね、結局、集団的自衛権と9条改正をやりたがっている政治家どもというのは、身内が誰も戦争で死んでいないというのがあると思いますよ。徴兵逃れでないにせよ、太平洋戦争の頃には名家の子弟は戦争に行かなくてよいような配慮がありましたから。他の国ではおそろしく恥なことなんですけどね。イギリスでは、ノブレスオブリージュの精神を重んじて、現王室の王子ですら戦場に行っているわけですし。

宗教学におけるイスラーム教の現状

――今回の憲法改正の動きを、日本の宗教学者たちは何の声も上げていないように感じますが。

中田　日本の宗教学は、本当にもうどうしようもないですね。どうにもできないと言ってもいい。

和田　今、宗教学で飯が食えている日本の学者って、どれくらいいるのですか？

中田　宗教学が学科として存在している大学自体がすごく少ないですからね。国立では東大、京大、東北大、九州大……そんなもんですよ。あと、宗教学会というのがあるんだけど、ここに属しているのはほとんどがお坊さんなんだよね。

和田　宗教学≒仏教になっちゃっているんだ。

中田　そう、「教学」といって、学問ではあるんだけど自派の教義内容をつきつめるという、その宗派の中でしか通用しないことをやっているわけ。キリスト教学もそうで、神父さんや牧師さんなどのキリスト教徒が教学をやっているんです。

ところが、イスラーム学だけが特殊なんです。そもそも宗教学会の会員は全体で２０００人くらいいるんだけれども、そのうちイスラームを専攻している会員は10人くらいしかいないんですよね。

和田　10人!?

中田　たったのそんなものですよ。

和田　しかも、その会員さんたちはイスラーム教徒じゃないんでしょう？

中田　そうなんですよ。イスラーム教徒は一人か二人。

和田　普通、キリスト教を専攻している人はキリスト教徒じゃないほうが珍しいし、仏教を研究分野にしている人のほとんどは仏教徒なのが当たり前ですよね。それがイスラーム教を研究している人は……。

中田　イスラームに関してはイスラーム教徒ではないわけ。だからそもそも――。

和田　「イスラーム評論家」だよ（笑）。

中田　そう（笑）。世間的にはイスラーム教の学者だと思われている人が、実はアラブ史に詳しいただの歴史学者だったりするんです。

和田　でも人数がいないから、中東で何かあるとそういう人たちがメディアに担ぎ出されてしまうというわけですね。

中田　とにかく、すごく特殊な世界なんですよ。

イスラーム学科にイスラーム教徒がいない？

中田　私は東大のイスラーム学科の1期生なんだけれども、1期生から今まで30年以上経って、イスラーム教徒になったのは私以外に一人もいない。昨年初めて、大学院に外からイスラーム教徒が一人だけ入って、これでようやく二人目です。

――では、この本を読んでいる人たちがイスラーム教に興味を持って、勉強したいと思ったときにどうすればいいんですか？

中田 方法はないです（笑）。

和田 中田考の弟子になるしかないか（笑）。しかし、今はそこまでして学びたい人がどこまでいるかだよね。僕も精神分析の世界では一応英文の論文もいくつもあるし、３ヵ月に一度、ロサンゼルスに通ってロバート・ストロロウという著名な学者について勉強もして信用されていると思うんだけど、精神分析を勉強したい若手の医師が一人くらいは「ストロロウってどんな精神分析をするんですか？」とか「本場の精神分析ってどうなんですか？」と訊ねてくるかと思いきや、今のところ皆無ですから。留学もしていないし、英文の論文もゼロというような「権威」が教える学校のセミナーには行くようですが。

中田　学問を本気でしようという人間が本当に減ったと思います。今は、まるで官僚になる人のように、作文ができてプロポーザル（企画・提案）が書けて自己PRして、ということのできる人間しか大学に残れなくなっていますね。学問をやりたいというより、学問を武器にして、自分のプレゼンテーションをどう高めるかということに興味がいってしまっているんだ。学問自体を、職業として捉えているんだよ。もう、大学のシステム自体がそうなっているんですよ。

和田　これも拝金教が蔓延ってしまった悲しい末路ですね。

家族に帰属できない日本人と新興宗教

和田　さっき、「先人の知恵はバカにしちゃいけない」と言ったように、宗教の意味の一つは長期的な視野を持つことにあると思います。拝金主義になると社会がおかしくなってしまうとか、麻薬のようなものは禁止しておかないと危険だよということは、過去を振り返り、歴史の中で失敗した人間のことをたくさん見てきた宗教であるからこそ、教えとして残っているわけですよ。

中田　ただし、新興宗教にはそれがない。

和田　ないですよね。新薬と同じようなものです。つまり、3ヵ月ぐらいのタームで見ると副作用が少ないことはわかっても、5年、10年と服用したときに副作用が出ないという保証は何もないんですよ。

中田　新興宗教を信じている人間がいることのほうが、私にはよく理解できません。たとえば幸福の科学って、どこまで真面目にやっているのか、日本人のやることはよくわからないですね。

和田　金儲けでやっているとしたら、大川隆法[*]ってすごいエンターテイナーであり、作家だとは思いますけど。

中田　なにしろイエス・キリストを降霊するとかいって、「アイム ジーザス クライスト」と言うんですよ。なぜキリストが英語でしゃべるんだ⁉って、なんで誰も指摘しないんだろうか。本気でやっているとは思えないです。

和田　宗教というものに求められるものは、まず相手を信じさせることですよ。そしてもう一つは、それが嘘である、インチキであるということの証明が、難しければ難しいほどいいわけです。麻原彰晃[*]はすぐにインチキがバレちゃったけど、大川隆法はバレにくいということなのでしょうか。

大川隆法
（1956年〜）。宗教団体「幸福の科学」、政治団体「幸福実現党」の創始者兼総裁。宗教活動家。

麻原彰晃
（1955年〜）。本名松本智津夫。宗教団体「オウム真理教」元代表、教祖。坂本堤弁護士一家殺

中田　そうか、なるほど。

和田　ただ、信じる者は救われる、じゃないけれど宗教を信じている人ってやっぱり幸せなんですよ。人間がいくら進歩したからといって思い通りにはならないから。人間じゃなくて、神が決めたことならば、潔くあきらめることができるじゃないですか。そこを上手に突いてくる新興宗教は生き残っているんだと思います。うまく抑えられてしまうんですよね、新興宗教に。昔は、仏教が欲望を抑えている宗教だったけれど、もう拝金教になっちゃっていますからね。景気が悪かったときに京都でタクシーに乗ったら「今どき芸者をあげてるのは坊さんだけです」って言ってたもん（笑）。

中田　特定の信仰のない日本においては、仕事でも趣味でも何でもいいから自分の帰属集団を自分で見つけて、そこと自分が同一化するということが、自分のアイデンティティを守る手段

害事件、松本サリン事件、地下鉄サリン事件など一連のオウム事件を起こし、現在は死刑が確定、服役中。

になっているのでしょうね。

和田　昔の日本は檀家制度*がそれなりに機能していて、ほとんどの家で、ウチはどこのお寺の檀家だというのがあったのかもしれないですが、今はほとんど宗派すらもわからない状況だし、特に都市部においては帰属感に乏しくて、不安になるんです。

中田　別に宗教でなくても、会社でもいいし、帰属する種類はなんでもいいんだけれど。日本はそもそも「家」が弱いからね。

イスラームの「家」「家族」の意識と結婚観

――イスラームの家はどんな構造になっているのですか。

中田　まず、家というのは社交の場だから、どんな家にでも客間があるんです。どんな都市部においても、ワンルームマンシ

檀家制度
特定の寺に先祖代々の墓があり、葬儀や季節の供養行事をその寺で行い、お布施を支払うしくみ。江戸時代にキリスト教禁止令がだされ、キリシタンが棄教した証として寺院から寺請け証文をもらわなければならないこととなり、特定の寺院の檀家となり証文を発行してもらうことが広まった。

ョンというのはありません。集合住宅の一番小さいのでも、二つの寝室と客間が一つあって、客がいつでもいるんですよ。

和田　結婚して夫婦二人で暮らしている家もあるのですか？

中田　もちろんあるけれど、親と同居世帯のほうが多いね。

和田　子どもに個室は与えるのですか？

中田　ないない、まったくないです。そもそも夫婦が二人きりになるということもほとんどない。特にマレーシア人とかトルコ人は、寂しいと死んでしまうような人たちだから、一人では住めないんです。だから、親元を離れた独身の人も、ルームシェアは当たり前です。
友人の家を訪ねると、どんなに狭い家であっても、「泊っていけ」って必ず言われます。「で、どこに寝るんだ？」って聞くと、

「そこにソファがあるじゃないか」って。それは自分が寝ているところなんだけど、「二人で寝ればいいじゃない」って（笑）。もちろん男同士ですよ。

和田　それは異教徒に対しても同じようにフレンドリーなのですか？

中田　お客さんであれば、異教徒に対しても、みんな同じ扱いをします。遊牧文化ってそういうものですから。お客は必ず泊めるということになっていて、それがないとお互いに生きていけません。２０１４年に行ったＩＳのラッカ*というところにはホテルが一軒もなかったのです。私はホテルに泊まりたかったのですが……。

和田　ホテル経営が成立しない文化なんだ。

ラッカ
シリア（シリア・アラブ共和国）北部の都市。美しい人造湖や遺跡があり、かつては観光都市として賑わっていたが現在は治安が悪化、2013年春以降、ISの首都として制圧されている。後藤健二さんがISに拘束されたのもラッカに行く途中だったと言われている。

中田　そうそう。泊めてくれる人がいるのが普通だから、ホテルに泊まっているのはすごくかわいそうな人たちなわけです。お前は友達の一人もいないのか⁉って同情の目で見られちゃうんですよ。

和田　今までのムスリムの話で一番驚嘆する話だなあ（笑）。

中田　そもそも人間関係が深いんですよ。少なくとも毎日一度は会っていなければ、友達ですらないと考えます。

和田　へぇー。

中田　いつも会っている人に一日でも会わないでいると、「俺たちは友達じゃなかったのか！」って怒りの電話がかかってくるんですよ。

和田　それはちょっと……面倒くさくないの？

中田　面倒も何も、それが当たり前ですから。昔、国際電話が高い時代でも、彼らが日本に来ると毎日国際電話を友達にかけていましたよ。たいして話すこともないのに。

和田　友達でさえそうなら、家族のつながりの強さは想像を絶するものがありそうですね。親の言うことは絶対、ですか？

中田　絶対ということはないですね。むしろ親が子どもに甘々。ただ、親の権威はありますよ。

和田　結婚はどうですか？　自由恋愛で結婚する人は多いのですか？

中田　都市部ではけっこう多くなりましたね。でも、未だに結婚式で初めて会うということも珍しくはないのです。かつての日本がそうであったように、まだ親族婚が多いですから。というのは、イスラーム法では、長男が家督を相続するのでなく、均分相続*なんですよ。で、そもそも子どもの数が多いでしょ。だから、財産が分散してしまうのを避けるために、できるだけ親族で結婚するのです。だから、結婚式で初めて出会うといっても、小さい頃には親戚の集まりとかで会ったことのある幼馴染のいとことの結婚というのも多いですね。

——イスラーム教は、離婚を認めているのですか。

中田　離婚はできます。イスラームの場合、男性からは一方的にできます。女性からの場合は、日本と同じで裁判官が正当な理由を認めないとできないということになっています。でも日本に比べたら離婚率は相当低いでしょうね。

均分相続
共同相続人（相続人が複数いる場合の相続人全員）の相続分を均等にする相続の方法。一方、最初に生まれた男の子ども（長子）が家産を相続する制度を長子相続といい、かつてヨーロッパなどの封建的な社会ではよく見られた。

――介護はどうですか。

中田　介護施設もあることはありますが、基本的には子どもが多くて大家族だから、親が老いたからといって介護施設に入れるというのはほとんど考えられないですね。まあ、日本に比べて平均寿命が短いから*、介護が必要になる前に死んでしまうということもありますけれどね。

和田　アメリカでも、女性の介護負担が大きいことは社会問題になっていますよ。ただ、キリスト教というのは福祉の精神が基盤にあるから、弱い者には優しい文化なのです。障害者とか、認知症の人はキリスト教がやっている施設に入りますね。そういう互助組合的な要素が、日本よりは強いんです。

日本に比べて平均寿命が短い
〈日本とイスラーム諸国平均寿命の差（2010年）〉
日本　男性79・6歳　女性86・4歳
アラブ首長国連邦　男性75・7歳　女性77・5歳
エジプト　男性71・1歳　女性75・0歳
イラン　男性70・9歳　女性74・7歳
（出典：World Bank WDI 2012.6.13）

第5章 イスラム教、仏教、無宗教……何をもって「死」と考えるのか？

フランシスコ・デ・ゴヤ作
『我が子を喰らうサトゥルヌス（黒い絵）』
自分の子に殺されるという予言を受けたサトゥルヌス。予言が頭を離れず、恐れを抱き、彼は5人の子を次々に呑み込んでいったというローマ神話の伝承をモチーフにして描かれた作品。

宗教と精神分析――宗教は人を幸せにするか？

和田　僕は精神科医をやっていて、日本に信仰があったら、どんなに楽か、と思うことがときどきあります。

死ぬのが怖いとか、対人関係で不安が強いという悩みを抱えた人に、僕らが臨床心理学でどう対応するかというと、フロイト*の理論ではその人の無意識の深いところでの原因を探ろうとするだろうし、アドラー*なら「すべての悩みは人間関係の悩みである」と考える。相手がどう考えているかを知って、それを変えていこうとするのは、現代の心理学の基本的な考え方ですよ。それに対して、宗教に従った人間関係では、些末なことで悩まなくて済むということはあると思う。精神疾患の人が信仰心を持つことは、ある意味有効なんじゃないかと。

フロイト
夢判断で知られる精神分析医のジークムント・フロイト（1859～1939年）は人の精神構造を「意識」「前意識」「無意識」の三つの層に分けて考えた。思い出したくもない嫌な記憶は忘れ去られるのではなく、この「無意識」の層に押し込められており、そうした心の葛藤が行動のすべてに影響を及ぼすという。

アドラー
アルフレッド・アドラー（1870～1937年）はフロイトと共同研究をしていたが、アドラーがフロイトの「夢判断」について否

中田　その通りだと思います。イスラームの価値観というのは、結局のところ「神が決めたことだから受け入れるしかない」っていうことに尽きますからね。

和田　潔いんですよね。

中田　基本、この世のすべては神が決めるものだから、本当のことは互いにわからないという前提なんですよ。だから、日本人の多くの悩みの種である「相手がどう考えているのかわからない」とか、「本音を言って欲しい」というような感情は基本的に存在しないんです。人は他者のことなどわからないんですよ。

和田　結局、「相手の気持ちが変えられる」とか、「相手の気持ちをわかる」というのは幻想なんですよね。そこに愛情があってもなくても。たとえば大ベストセラーになった養老孟司先生

定的な記事を書いたことで、その後袂を分かち、アドラー心理学を創設。二人の違いについては、和田秀樹著『比べてわかる！フロイトとアドラーの心理学』（青春新書）に詳しい。

の『バカの壁』*という本があるでしょ。あの本は、すごく売れた割には中身が理解されていないんだけど、養老先生がこの本で強調したことは、「人それぞれ認知構造が違うから、こっちが言った言葉を向こうはその通りに受け取ってはくれないよ」ということなんですよ。「君はなんて優しいんだ!」と言ったときに、それをイヤミと受け取る人もいれば、すごい褒め言葉と受け取る人もいるじゃないですか。

ところが人間というのは、自分の言ったことを相手が誤解すると「アイツはバカだ」と思ってしまう。だからそれを「バカの壁」と養老先生は呼んだのです。「人間というものは話してわかるものではない」という養老先生のものすごくシニカルな考え方がその根底にあるわけです。

中田　そんなの当たり前ですよね。

和田　しかし精神分析の世界では、たとえばコフート*のように

『バカの壁』
2003年新潮新書(新潮社)より刊行され、400万部を超えるベストセラー。「我々人間は、自分の脳に入ることしか理解できない」著者の養老孟司氏は、この状態を指して「バカの壁」と表現している。

コフート
ハインツ・コフート(1913〜81年)。精神科医、精神分析学者。フロイト流の精神分析がおおむね無意識の心理に注目し続けてきたのに対し、意識レベルでの心の動きを重視し、「共感することの必要性」に着目。自己愛性パーソナリティ障害を提唱した。

現実主義者の学者でさえ「共感して相手の立場に立って、相手の気持ちを想像すれば相手の心がわかるはずだ」とか「相手のパーソナリティまで変えられるはずだ」というような、ある種の幻想があるわけですよ。

中田　それは幻想だし、じゃあ、「人は変えられる」という考え方が人を幸せにするかと言ったら……。

和田　そんなわけがない。人の気持ちがわかるとか、人の気持ちが変えられるなんて、多くの場合は当てはまらないんですよ。だから、現代的な精神療法の中にもそうじゃないものはあって、たとえば森田療法[*]では「人は変えられない」しかし「自分は変えられる」という考え方なんです。人が変わるのを期待するよりは、自分の接し方を変えたり、ものの言い方を変えたりして、少しでも対人関係の不安があってもうまくやっていけるようにするんだけれども。

森田療法
森田正馬が１９２０年頃に編み出した神経質、うつ病に対する精神療法。西洋的な精神療法が「認知を変える」ことを目標にするのに対し、「あるがままに生きる」「目的本位で生きる」という考え方を原則とし、そのために、自分に沸き上がる感情をきちんと受け止めることの大切さや、一つの方法にこだわらないことを教えていく。

中田　イスラームでは、相手も自分も「内心」なんてどうだっていいというか、たいして問題にしないというのがあるんですよね。もちろん、イスラームの人間観でも、自我というのはありますが。悪魔というのも、実在するもので、それは常に人間の中に住んでいるものであったり、心自体がいくつかの層になっていて、それが宇宙とつながっているものであったり……という考え方もありますからね。

――今、スピリチュアル系の書籍がすごく売れていますよね。たとえば、「人は死なない。ではどうなるのか？」といった本を東大の現役医師が書いて、反響を呼んでいます。

中田　それは、どういう意味で「死なない」ということですか？　たとえばＤＮＡは残っていくということ？

――いいえ、身体は死んでも霊魂は死なないということです。

和田　彼は救命救急の先生だから人が死ぬのをたくさん見ているだろうし、「なんで死んだのか」って患者さんの家族に責められることもあるだろうし、人間が人間の力で生きたり死んだりすると思ったら、罪悪感で苦しくてしょうがないじゃないですか。医者としてね。そうしたら輪廻とか宿命とかを考えて、彼自身がそれで楽になっている部分も実は大きいと思います。僕は、それを読んで楽になるんだったらいいと思う。著者も読者もね。むしろ、日本の医者たちの多くは、「完璧な医療をほどこせば、人は絶対に死なない」なんて本当に考えている人がまだ多くいるんだから、それよりは、よほど真っ当ですよ。

中田　うん、そうですね。

和田　立花隆*さんがあの本をすごく批判しているようだけど、

立花隆
（１９４０年～）。ジャーナリスト、ノンフィクション作家。脳死についての著作は『脳死』『脳死再論』『脳死臨調批判』（いずれも中央公論社）など。

立花さんは脳死*を最初に世間に認めさせようとした人ですからね。「死なない」という以前に何を持って人の死とするのか、そこに明確な区切りを作らないといけないいんだけど、それは一般的に思うほど、簡単じゃない。どこまでが「生」でどこからが「死」かなんて、誰にも明確な答えは出せないんですよ。たとえばの話、脳死を議論したときは、もう脳の活動がすべて停止して絶対に蘇生しないというポイントを「脳死＝人の死である」と位置付けたんだけれど、そもそも脳死と植物状態はまったく違うんです。植物状態では、大脳が動いていなくても脳幹や小脳が動いているから自発呼吸ができる。ところが、脳死を認めることになったら、その考え方が植物状態や寝たきりの状態にも拡大解釈されるのは明らか。「延命治療をしたところで数日命が延びるだけのことで、たいして意味がない」「結局、治らないいんだったら延命治療なんてかわいそうなだけだ」というふうになってしまったところが少なからずあります。

脳死
臓器提供は、脳死後あるいは心臓が停止した死後に可能となる。では脳死とは何か。脳死には、大脳と小脳、脳幹がすべて障害を受けて機能しなくなった「全脳死」と、脳幹が機能を失った「脳幹死」がある。脳幹死の場合は大脳はまだ機能は失っていないが、やがて大脳も機能を失い全脳死に至る。一方、植物状態とは、大脳の機能の一部又は全部を失って意識がない状態だが、脳幹や小脳は機能が残っていて自発呼吸ができることが多く、稀に回復することもある。脳死と植物状態は根本的に違うものなのだ。

中田　脳死を死と決めるのは危ういですよね。

和田　イスラームの世界では、さっき中田さんが言われたように、人間が死んだ後もずっとサスペンドされるわけでしょう？　そこでは、死とはどんなものだと考えられているのですか？

イスラームの医療と死生観

中田　イスラームでの死は、基本的には心臓死ですね。脳死という概念はあんまりない。呼吸が止まったら、基本的には放っておけばそのまま死んじゃう。それがイスラームにおける、通常の死の在り方です。

和田　基本になる教えがあるとスムーズだよね。日本なんか、僕たちが脳死反対運動をしているときに、賛成派の学説の権威の人たちに、「天皇陛下が脳死になったときに脳死と認めるのか？」と言ったら、「そんなあり得ないこと考えるな！」と反論されたことがありました。実際、現職の総理大臣が脳死になったこともありましたが。

中田　小渕恵三*さんね。

和田　あのとき、病院に担ぎ込まれてから心臓死になるまで、ものの見事に一度たりとも担当医が記者会見をしなかった。あり得ない話ですよ！　現職の総理大臣がどんな容態なのか、国民には知る権利があるはずなのに。結局思うのは、記者会見で状況説明をして「それは脳死ではないか？」と聞かれたときに、医者は嘘をつきたくなかったからだと思います。

中田　なるほど。

和田　だけど、小渕さんは脳死議連*にいたし、ドナーカードま

小渕恵三
第84代内閣総理大臣。任期中の2000年4月2日に脳梗塞を発症し、4月5日、昏睡状態が続く中、青木幹雄首相臨時代理が小渕内閣の総辞職を決定した。

脳死議連
「生命倫理研究議員連盟」1985年2月結成、脳死移植の立法化を検討する議員連盟。会長：中山太郎氏。

で持っていたんですから。もしあのとき脳死を認めて角膜移植でも行っていたら、小渕さんはもっと国民の記憶に残る総理大臣になっていただろうに。

――イスラームには臓器移植のシステムがあるんですか。

中田　臓器移植はありますよ。私は反対派だけれどもね。

和田　賛成の人もいるんですね。

中田　両方の説があるんですよ。そもそもイスラームでは、さっきも話した通り、死んだあともしばらく肉体に意識の残っている状態が続く。だから熱いから火葬はダメ。それと同じ考え方でいけば、臓器移植だってダメですよね。

そして、どこかのタイミングでその意識が残っている状態も終わり、眠りについて復活をする。という考え方が多数派なんですよ。だから、まだ身体に意識が残っているのに「死んだから」と言って人間を傷つけるのは許されないということで、臓器移植はできないのが普通です。

和田　なるほど。

中田　ただしそれで助かる命があるのなら、という考え方も最近は増えているんです。イスラームの人は割とそのあたりの考えは柔軟ですから。

――延命治療に対しては？

中田　延命治療も、ないわけではないです。でもさっきも言った通り、呼吸が止まる心臓死が人間の死なので、ほとんどの人がそれを受け入れています。

和田　僕が「日本は拝金教だ」とずーっと言い続けているのは、延命治療も医療費の保険点数稼ぎに行われていたという背景があるからです。最近になって国が「無理な延命治療はなるべく行わない」という方針になっているのは、医療財政がいよいよ厳しくなってきているからでしょう。市民にどういう治療をするかを決める基準が、イスラームでは「イスラーム法」だけど、日本では「金」なんですよ。

中田　確かに、延命治療なんて金のない人にはできないですからね。どこの国でもそうだけど。

和田　ところが日本の場合は、国民皆保険という健康保険制度によって、お金がない人にも延命治療ができちゃったんですよ。

――イスラームでは保険制度は？

中田　ありますよ。イスラーム圏の多くは、お金を持っている湾岸諸国か、貧しい社会主義の国ですが、社会主義というのは基本的にはもう滅びているので、お金のある人間は高度の治療を受けられます。貧乏な人間は、一応治療は受けられるけれども、設備は非常に悪い。結局、医療はお金なんですよ。

精神医療と悪魔祓い、心の病気をどう捉えるか

――では、避妊[*]、堕胎についてはどうなんですか。キリスト教は基本的には禁止ですよね。

中田　避妊方法として膣外射精は許されています。

和田　コンドームは？

中田　それについても考え方はいろいろですね。使ってもいい

避妊、堕胎
ローマ・カトリック教会は、胎児は受精後すぐに人になると考え、すべての人工妊娠中絶を殺人と見なす。避妊薬（具）の使用も認めていない。プロテスタント教会では、かつては人工妊娠中絶を殺人としてきたが、現在ではプロチョイス（選択派）という立場があり、その見解でさまざまな運動団体が組織されている。ユダヤ教では、妊娠初期の胎児は完全な人間とは見なさないため、初期の中絶には一定の理解を示すこともある。

という説はあるけれど、コンドームなんか着けたってダメだよという言い方もある。基本的には生命の誕生は神が決めることですから、命を授かるときは何をしても授かると。堕胎については、妊娠して４ヵ月をすぎると「魂が宿る」という考え方があるので、それからあとはダメだというのが多いですね。もちろん、母体に問題がある場合はその限りにあらずです。

和田　なるほど。そもそもイスラームでは、どこからが生命だと捉えるの？

中田　大雑把にいうと肉体があって霊魂があるということなのですが、神学が発達してくると、霊魂にもいくつかの層があると考えます。たとえば、精神分析でいうところの無意識に近いような意識、五感を超えた意識というものが仏教にもある*けれども、イスラーム教でもそうなんですよ。そして、奥にあるものほど神に近付いていくものであるので、無意識というのは悪

五感を超えた意識というものが仏教にもある
「六識」といって、「眼」「鼻」「舌」「耳」「身」の五つの感覚器官（五感）によって外界を認識し、たとえば、レストランでの食事を「心地よいもの」と思考し意識する。これが知覚的な認識で感覚器官は「意」になる。この「意」の感覚器官（意識）を六番目にあたる認識能力ということで六識といい、これが仏教の認識論の基本となる。

いものではないのです。無意識を発達させるというか、その層に行くことによって、神に近付いていくことになりますから。

和田　そこはフロイト流とはちょっと違うところですね。精神分析では無意識は悪さをするものだと考えているから、ちゃんと意識化させたほうが良いとされています。

中田　中世のキリスト教でも狂気は、悪魔が憑《つ》いたせいだと考えていたように、イスラームでは狂気というのは外部の悪霊が憑いて起きる、という考えがあるのです。現代の医学だと、狂気は脳の中の現象なんだけれど、そうではなくて外的、外の存在が心の中に入り込むんですよ。

和田　たとえば、*解離性同一性障害みたいになったときに――

中田　そうそう。そういうときに、悪霊が憑依したと捉えて、

解離性同一性障害
かつては多重人格とも呼ばれていた、解離性障害の一つ。いじめや親子関係の歪み、児童虐待などさまざまなストレスを原因とする心因性の障害。自分に起こったことを、他人に起きたことのように切り離すことで心身へのダメージを軽減しようとする。切り離した感情や記憶が全く別の人格となって現れることもある。

今でも悪霊祓いを行います。心というのは一つのものではなく、心の中にもいくつかの階層がある、あるいは憑依というか外部から入ってくるものもあるという構造になっているんです。そういう心の階層構造という考え方が世俗化していく中で、精神分析というのが生まれたわけで。精神分析は、もともとは宗教的な背景があるのではないですか。

和田　そうですね。

中田　イスラーム社会にも、精神病院はもちろんあります。植民地化されていた歴史から、欧米医学の考え方が全部入ってきていますからね。だけど、狂人を示す「マジヌーン majnuun」という言葉は、もともとの語源が「ジン jinn」が憑いた者という意味なんですよね。

――ジン？

中田　魔人とか、妖霊などとも訳されます。*『アラジンと魔法のランプ』のランプの精をイメージするとわかりやすいでしょう。若い人なら、*『マギ』のウーゴ君を思い浮かべるといいでしょう。あればジン。人間以外で、悪を犯しうる存在、それがジンなのです。精神を病んだとき、薬を飲んだりして医療を受けるべきか、それともジンが取り憑いたと見るか、両方の捉え方ができるんです。

和田　なるほど。心の病が厄介な理由の一つとして、「客観性で心の病と見るか」、「主観性で心の病と見るのか」という二つの考え方があるわけです。たとえば、妄想が出てきて意味不明なことを言うとか、あるいは幻覚が出てきてヘンなものが見えているというとき、客観性から見ると当然、心の病ですよね。ところがこれを主観性で見るとどうか。「オマエはダメだ」「死ね」というような幻聴に苦しめられる人は、治療して幻聴を取

『アラジンと魔法のランプ』
『アラビアン・ナイト』（「千夜一夜物語」）で最も有名な物語の一つ。貧乏な青年アラジンが魔法使いにそそのかされて穴倉の中にある魔法のランプを手にし、そのランプを擦るとランプの精が現れて…というところから始まる物語。

『マギ』のウーゴ君
『アラビアン・ナイト』を下敷きにした冒険活劇ものの人気漫画。ウーゴ君は主人公アラジンの笛の中に住んでいる魔人で、聖宮の番人とされている。原作者大高忍氏。2009年より少年サンデー（小学館）で連載。

ってあげたほうがいい。でも、主観的に見れば、逆に「オマエは天才だ」「賢い」「世界一美しい」とか聞こえてきて幸せな人もいるわけですよ。つまり、客観的には病なんだけど、主観的に幸福な人もいる。その人が医療を受けることで「オマエは天才だ」という幻聴が消えちゃったら……。

中田　不幸になるかもしれない。

和田　そう、医学的な客観主義に陥ってしまうと、心の病気を治しても本人を不幸にしてしまうことがあるのです。現実はすごい貧乏だったり、悲しかったりするかもしれないわけで、治療を行うことで見なくてもいい現実を見せちゃうことだってある。だから、僕らがサイコセラピーをやるときに一番重視することは、その人が主観的にできるだけ「今を生きていることが楽しい」「苦しくない」と思えるかとか、ちょっとでも楽にできないかなということなんです。それが、本来の精神科医としての仕事だと僕は信じています。まあそうなってくると、あんまり宗教者と変わらなくなってくるんですけどね。

我々精神科医から見て、宗教なるものにメリットがあるとすれば、「信じる者は救われる」ではないけれど、余計な悩みを持たないで済むとか、あるいはいろいろな理由で不幸な状況であったとしても、「これは神の思し召し」とか、あるいは「神が別の方向を向いてくれれば、またちょっといいことがあるだろう」と思えたりすること。うまく活かせば、こだわりを強く持ちすぎないとか、いろいろな捉え方をするという役にも立つと思うのです。

中田　アメリカなどでは、牧師さんのような聖職者たちが心理学を学んで、それを神学とくっつけて、信者のカウンセリングをやっているんですよ。

和田　ホスピスなんかでは実際に活かされていますよ。カウンセラー兼牧師みたいな職業がね。

中田　日本でも、今、仏教などのお坊さんたちがやろうとしているものがありますよ。ビハーラ*など。日本では精神分析医はすごく少ないと思うけど、心療内科はものすごく増えているわけでしょう。臨床心理士などの役割は、もともと宗教者の仕事だったんですよね。今度は、それを逆輸入して臨床宗教師*というのができているんですよ。

和田　そうそう。東北大学とかでやっているんだよね。

中田　疑問に思う部分もありますが、基本的にはカウンセラーも宗教者も同じだから、役に立たないとは思いません。

ビハーラ
末期患者に対して、仏教的な考えに基づき行われる苦痛緩和や癒しのサポート、または、それを行う施設。仏教ホスピス。もともとの意味はサンスクリット語で僧院、寺院、安住の地など。

臨床宗教師
心理学的な支援ができる宗教家。東北大学で設立された講座「実践宗教学寄附講座」で育成を目指す専門職。東日本大震災以来、被災者の心のケアのために地元の宗教者、医療者、研究者が連携して行なってきた「心の相談室」の活動を踏まえて開講された。（東北大学大学院文学研究科ホームページより）

イスラームの教えるパラレルワールド

中田　今の和田さんの話をさらに言うとね……これは世界観の根本が違う話なんだけれど、現代の医学では明らかに「幻聴」や「幻覚」は脳の異常から起こるものだし、私もそうだと思う。でも、我々イスラームのパラダイムでは、「幻聴」や「幻覚」は別の世界とつながっているために見えたり、聞こえたりするのだと捉えることもできるのです。我々の生きているレベルとは違うレベルがあって、そこではそれが現実だ、という考え方も実は否定はできないのですよ。

和田　ふーん。

中田　理論物理学に多世界解釈*というのがありますよね。我々の今いる世界と同じような形態をした世界が、並行して他にもいっぱい存在しているという考え方。その世界の一つと、どこ

多世界解釈
多重世界論とも言う。量子力学の解釈の一つ。すべての存在はさまざまな状態が「重なり合った」状態であり、観測したときにある状態に収束する。世界はさまざまな可能性が波のように広がっている、あるいは重なり合っていると解釈される。

かでつながることがあるのではないかという考え方も、当然あり得るわけですよ。

和田　確かに今、我々の目に見えている世界が本当にリアルなものであって、夢でないのだということを証明する方法って、実はないんですよね。

中田　そう、まったくない。さらに言うと、過去と未来だってそうなんですよ。たとえば、過去の自分というのは、本当に存在していると思いますか？

和田　えっ？

中田　時間というのはそもそも連続してあるのか、それともそうではなくて砂時計みたいに消えていってしまっているのか。これは現代のパラダイムでは原理的に証明のしようがないのです。その意味では、人間は永遠なんだ。永遠に私たちは過去に生き続けるわけですから。映画のフィルムみたいに。

和田　なるほど。

中田　だから、イスラームの世界観というのは、神の目から見ると過去から未来までのすべてが一望できて、現実に今、存在しているわけなんです。世界の始まりから終わりまで、すべては神の知識の中にある。世界は最初から最後まですべて決まっていて、それ自体には時間などない。だから今こうして和田さんと話している私も、3年前の私も、世界が終ったあとの私も全部存在しているんです。

ただ、それが今の人間のレベルでは3次元の世界に生きているので、4次元の時間の世界とは一点、一瞬でしかつながっていないわけです。だけど、最終的にはそれが全部一望できるんですよ。

人間というのは10年前の私も、今の私も私なのだという、基本的にはイスラームはそういうパラダイムなんですよね。生も死も、そういうことなんです。

和田　ある意味、僕らはそういう解釈論を持っていたほうが楽に生きられるのかもしれないな。僕は宗教のことはよくわからないんだけど、媒介として宗教を使うことで相手を幸せにすることって可能かもしれないと、今回中田さんと話をしていて思いましたよ。

今、客観的に見て不幸に見える人がいたとしても、宗教という媒介があれば、幸せにすることができるかもしれない。

たとえば、孫正義さんに「あなたのまわりに、金以外の目的であなたに近付いてくる人が一人でもいると思いますか？」と訊いたらさ、……それを本気で悩み出したら、残りの人生は不幸かもしれない。そういうふうに、多少ものの見方が変わることで、主観というのは変わるのだろうと思うんですよ。まあ、誰もそれを堂々と言えるヤツはいないでしょうが（笑）。

中田　我々が客観と思っているものも、実は一つの解釈でしかないのだから。

和田　客観かどうかよくわからないけれども。ある意味では、すべてが宗教なんですよね。この対話の最初から、拝金教に気を付けろと言っているように。だから、それに気が付くことのほうがまず重要なんです。勝ち組のヤツらが負け組に対して「オマエらは現状を幸せと思え」とか適当なことを言って騙すのに宗教を使うことがあったら怖いですからね。

中田　そういう使い方は危険ですよね。

自己責任論は人間の傲慢でしかない

中田　この歳になると特に思うのは、若い人って自分が何を望んでいるのか、本当は全然わからないんじゃないかということなんです。もちろん、自分たちだってわかっていないんだけど、若い人はホントにわかってないんですよ。

和田　僕らの年齢になると、少なくとも自分が「わかっていない」ってことは、わかってきます。でも若いうちは、何がわからないかもわかっていなかったかもしれないですね。

中田　そうそう、それに加えて最近わかってきたのは、自分の心って、固定したものじゃないということ。日本では「朱に交われば赤くなる」というけれども、誰だって付き合う相手によって自分も違う人間になっていくものなんです。いい人といると、基本的には自分もいい人になるわけ。悪い人といれば、悪い人になります。結局、自己というのは関係の中でしか形成できないものですからね。

――人の心は多面体であるということですか。

中田　多面体であるというよりも、相手との関係の中で決まるのであり、それ以前にはそもそも存在しない。量子力学で、観察者によって見られる前の量子には位置も運動量も正確に決まっていないのと同じように、他者との関係の中でしか、決まった自己というものは存在しないのです。一つの決まった形の自己というものはないし、変われるということを前提に、よい環境を求めていかないといけない。だから昔の人は、友達は選べ、と言っているんです。

和田　たとえ自分が何を望んでいるのかがはっきりしたとしても、人間の力ではどうしようもないもの、どんなに望んでも、絶対に叶わないものもあるということに気付くべきなんですよ。科学万能の世の中って、人間の力ですべてがなんとかなると思い込んでいる人がたくさんいるわけじゃないですか。がんであっても、心の病であっても、最新の医療を求め続ければ治せるはずだと思う人もいるかもしれない。でも、そうじゃないんですよ。僕だって、いろいろな患者さんと出会ったときに当然なんとかしてあげたいと思いつつも、「ここまでは持っていけるだろうけれど、そこから先は……」と難しさを感じることが常にあるわけです。そのときに、どうにもならないことがあるということは、やっぱり理解してもらうしかないんだと思います。でも、残念ながら、なかなかそう思ってくれない人がいるのです。

中田　人間の致死率は１００％ですからね。人間の力でどうしようもないものがあるということを受け入れないのは、傲慢です。そもそも「自己責任論」などというのも、あれは、「自分でどうにかできるものがある」という考え方が根底にあるでしょう。でも実際には、「自分でどうにかできるもの」なんてこの世にないんです。

和田　それはどういう意味で言っていますか？

中田　たとえば、人間は自分たちを生産者だと思っているけれども、人間が生産できるものはほとんどないんです。植物は光合成で生産するけれども、動物は収奪するだけだから。いや、植物だって、太陽のめぐみがあって自分で成長していくので、最終的には人間自身が作り出すものなど、何もないんですよ。

和田　なるほどね。その考え方でもっと言っちゃえば、金持ちになれたとか、いい学歴や職歴があるということもそうです。自分が努力したからだとか、能力が高かったからと思うかもしれないけれど、自分自身の力でもないんだよ。どこの家に生まれたとか、たまたま灘高*に入ったからだとか（笑）、運や状況は、いつでも関係しているのであって。

中田　その要因すらわかっていないところで「自分でやったのだから自己責任だ」とは言えないだろうと思う。自分だけで作ったものや自分で得たものって何一つないわけですからね。

和田　僕も、何かに負けた人間に対し、その人の自己責任だとはまったく思わない。だからこそ僕は、受験勉強法の本を書き続けているのです。たまたま僕は灘高に行っていたから運よく身に付けた受験勉強法を、他の人もやったほうが、何も知らないで勉強するより合格しやすいだろうし、そういう方法があるよ、ということを伝えたくて。もちろん、受験生がどんな本に出会うかというこというのだって、それも運ですけどね。

――すべては出会いのご縁から、ですからね。

灘高
兵庫県神戸市東灘区にある私立の中高一貫男子校。毎年、東大をはじめ有名大学に多数の合格者を出す進学校。校則がなく、自由な校風とされている。和田氏、中田氏のほかノーベル化学賞受賞の野依良治氏、作家の遠藤周作氏（旧制中学時代）、高橋源一郎氏、日下公人氏らほか実業家、学者を多数輩出している。

和田　そうそう。

中田　我々の場合は、それを「神に返す」と言うんです。自分で得たものはないわけだからね。だから、「社会に返す」だっていいんですよ。

和田　そういうシステムは必要なんですよね。少なくとも、最初から言っているように、勝ち組の人だって、敗者が二度と逆転ができないような勝ち方をしちゃいけないですしね。どれだけ勝っている人でも「すべて自分の、人間の力で得たんだからいくら厚かましくてもいいんだ」というようなのは間違っていますす。そういうのは、結局まわりの妬みや嫉みを買うし、うまくいかない。

中田　日本でちょっと成功した程度の金持ちなんて、私はそもそも羨ましいとも何とも思わないですけどね。

和田　僕だって多少は拝金教から脱却したつもりでいるわけだけど、ちょっとは羨ましいと思っているかも（笑）。その時点ですでに僕も拝金教の信者なわけだよね。中田さんのほうが100倍、拝金教を脱却していると思いますよ。

中田　それは私だって、お金が欲しいとは思わないわけではない。でも基本的に、お金を持ってしまうとお金が欲しい人間が寄ってくるんですよ。これが実に不愉快なんです。

和田　そうそう、金持ちになったらモテるようになるというのは誰でも憧れることかもしれない。でも、そういうときに寄ってくる女性というのは金目当てで、僕のことは好きじゃないんじゃないかという疑念がいつもつきまとっちゃうわけですよ、結局ね。

中田　だから全然羨ましくないですね。私は幸せなことに、お金も地位もないから、モテたこともないし、そういう人間が寄ってこないのがいいですね。

――でも中田さんは、この一年くらいでテレビにも出て、知名度が上がったし、顔も知られたじゃないですか。何かいいことありましたか？

中田　ないない、ないよ！　悪名だから。おかげで家が借りられないし、こういうふうに有名になって、いいことは何一つない（笑）！

和田　（爆笑）

最終的なイスラームの境地は、孤独死に耐えられるようになること

中田　さっきの話で、「朱に交われば赤くなる」という諺《ことわざ》を、「いい人といればいい人になる」という意味で言ったんですけどね。人間ってそういうものなのだけれども、でも、それが効かない人間というのもいるんですよ。それがイスラームで言うところの「悪魔」と「天使」でね。悪魔になってしまうと、どんなにいい人間といても邪推してしまってうまくいかない。もうそこまでいってしまうと、救いがないわけです。逆に天使になってしまえば、どんな悪い人間といても――

和田　大丈夫なんだ？

中田　そうなるわけです。宗教の教えというのは、最初は自分がまだできていないから、まずできるだけいい人と一緒にいて、

悪い人とはいないようにする。その次には、誰といても同じ状態でいられるようになる。最終的には、常に心は神と共にあるので誰がいても誰もいなくても気にならなくなる。そうやって、最期を迎えるのが一番いいということになるんです。

和田　そう言いながらも、イスラーム教徒は寂しがり屋が多いんでしょ。毎日電話しないといけないような（笑）。

中田　あっ、そうでした（笑）。でも最終的には、神だけがいればいいということだから、最も目指す形態は「孤独死」ということになるんですよ。人間、結局最後は孤独死するわけだから、それに耐えられるようになるのが、最終的にイスラームの境地なんですよ。

和田　中田さんは、もうその境地なのですか？

中田　私はまったく平気です。というか、一人でいるのがいいわけです。

和田　僕も、死ぬときはなるべく孤独死したいと思っています。

――今、日本では孤独を恐れる人が多いし、孤独死を防げという声が高まっていると思うのですが。

中田　孤独死が怖いと言っていること自体、おかしいと思うんですよ。そもそも一人が好きだったから一人で孤独に暮らしていたんですよね。社交的な人間はたいていい、友達がいっぱいいるわけだから。

和田　今、日本では、できるだけ孤独死させないような介護の取り組みにはなっています。というのは、要介護状態だったらヘルパーさんが二日に一回くらい来てくれたり、生活保護を受けているとケースワーカーの訪問があったりしますからね。何日も一人になるということはあまりないのです。だからむしろ、元気な一人暮らしだった人が急に心筋梗塞になったり、夏場に熱中症になったりすることで孤独死になりやすいんですよ。

中田　それは、その人がそれまで一人でうまく生きていたということですよね。

和田　そうなんですよ。1ヵ月も2ヵ月も発見されないということは、それまでまったく人付き合いがなかった人で生活が自立していたってことだからね。中田さんの言うように、孤独でも自分のペースで暮らしていた人もいたかもしれないですよね。

中田　一人が好きで一人でいたんなら、そうやって死んでいけばいいと思う。発見した人は驚くだろうけど、そんなに気の毒がることはないんですよ。私は本当に、孤独に生きて孤独に死ぬのがいいと思っています。イスラームでは、さっきも言ったように、そういう死に方が幸せであって、それに到達するべしとしていますしね。

和田　逆に、無宗教で生きることの良さというのもあると思いますがね。僕はずっと老人を診ているじゃないですか。そうすると、たとえ金があって社会的地位が相当高い人でも、まわりに威張り散らしていた人って、だんだんお見舞いに来る人もいなくなるんです。ところが、最期までいろんな人が見舞いに来て顔を見ていく人もいます。人間、死ぬときは金があるかないかより重要なことがあるんだろうなと思える場面を見るのです。だから、宗教的に悟りを開きたくない場合は、そういう人の輪みたいのを目指すのもいいかもしれませんね。あんまり悪いことはしないようにして（笑）。

了

あとがき

中田　孝

灘校で同級生になる前から、小学校のときに西宮北口の小さな学習塾で同窓生だった畏友和田秀樹君は、私のたった一人の幼馴染です。灘校ではクラスこそ違いましたが、家が近くで同じ苦楽園口駅から電車通学していましたので、弟の雅樹君も含めてお付き合いさせていただいていました。

和田君は、まだ高校生だった当時から、「自分はもう頭が硬くなり柔軟な新しい発想ができなくなってしまった」と言っていました。当時の私には彼が言っていることの意味がよくわかりませんでしたが、この歳になった今はよくわかります。彼は高校生の頃から、自分に見えているものの正しさを絶対視せず、見ている自分自身の立ち位置、視野、認識の枠組自体を常に疑い、吟味、検証し、新しいさまざまな考え方にキャッチアップし、自分自身のバージョンアップに努め、今も日々新しい可能性に挑戦しているのです。

和田君は秀才ぞろいの灘校生の中でも際立った異能の人でした。東大理Ⅲに入るとアイドルプロデュースクラブという怪しげなサークルを立ち上げ、自主制作映画なども作り始めました。私は一年留年し文Ⅲに入った後、イスラーム学科という文学部の中でも超マイナーな専攻に進学しました。そのせいもあり、大学時代は彼と会うことはあまりありませんでしたが、確か『週刊プレイボーイ』の企画だったような気がしますが、彼に小室直樹先生と引き合わせてもらいました。結局、小室先生に生前お目にかかることができたのはその一回だけで、多くは教えていただくことはできませんでしたが、敬愛する小室先生の謦咳《けいがい》に接することができたことを、彼にはたいへん感謝しています。

その後、私はエジプトに留学し、カイロ大学で博士号を取得後、在サウジアラビア日本国大使館に勤務。帰国後も山口、京都に居を定めたため、東京住まいの和田君とは自然と疎遠になっていました。ところが、思いもしなかった形で、また彼と縁ができることになりました。2014年9月に、私がイスラーム国に戦闘員を送り込むリクルーターだと疑われ「私戦予備および陰謀罪」という制定後一度も使われたことがない法律を犯した容疑で取り調べられ、マスコミでも大々的に報じられ、ほとんど四面楚歌、孤立無援だったときに、和田君がブログで擁護の論陣を張ってくれたのでした。それを機に久しぶりに再会し、何度か語り合ううちに、宗教、精神分析、政治などについて縦横無尽に論じ合う対談を公刊できたらいいね、という話になり、幸いブックマン社が場を提供してくださり、本書ができ上がりました。

和田君は、東京大学医学部で西欧近代科学の最先端を学び、アメリカで本場の精神分析を極め、その上、実業界、芸術の分野でも輝かしい成功をおさめた、まさにレオナルド・ダ・ビンチやゲーテのような、万能人の理想を体現するような西欧的知識人の典型です。

その和田君と、30年ぶりに会ったアラブ、トルコ、イラン、アフガニスタン、マレーシア、インドネシアなどの第三世界のイスラーム諸国でしか暮らしたことがない700年前のアラブの神学者の思想を専門とする「時代遅れ」の古典文献学者の私ですが、自由の国フランスの正体、アメリカのグローバリゼーション、日本の教育行政の問題、資本主義の本質などについては、ほとんど見方を同じくしていました。それは驚きでもありましたが、日本人では口にする者がいなくとも、このように学問のディシプリンと経歴、生きてきた世界において対照的な私たちの間で共有されている見解である以上、それこそが本当の意味でのグローバルで普遍的な世界の知識人の常識である、と言うこともできると思います。

　私が和田君との対談を楽しませてもらったように読者諸賢が本書を楽しまれ、新しい世界へと導かれることになれば、望外の幸せです。

中田考（なかたこう）

1960年生まれ。同志社大学客員教授。一神教学際研究センター客員フェロー。1983年、イスラーム入信。ムスリム名は「ハサン」。東京大学イスラーム学科の一期生。東大大学院人文科学研究科修士課程修了。カイロ大学大学院哲学科博士課程修了（哲学博士）。クルアーン釈義免状取得、ハナフィー派法学修学免状取得、在サウジアラビア日本国大使館専門調査員、山口大学教育学部助教授、同志社大学神学部教授、日本ムスリム協会理事などを歴任。著書に『イスラーム　生と死と聖戦』（集英社新書）、『私はなぜイスラーム教徒になったのか』『クルアーンを読む　カリフとキリスト』（太田出版）、『イスラームのロジック』（講談社）、『カリフ制再興――未完のプロジェクト、その歴史・理念・未来』（書肆心水）、『イスラーム法とは何か？』（作品社）、『世界はこのままイスラーム化するのか』（幻冬舎新書）など多数。監修書に『日亜対訳クルアーン』（作品社）などがある。

和田秀樹（わだひでき）

1960年生まれ。日本神経学会認定医、臨床心理士、日本精神分析学会認定精神療法医、日本内科学会認定内科医、日本精神神経学会精神科専門医。東京大学医学部卒業後、東京大学附属病院精神神経科助手、アメリカ・カールメニンガー精神医学校国際フェロー等を経て、現在、国際医療福祉大学大学院教授（臨床心理学専攻）、川崎幸病院精神科顧問、一橋大学経済学部非常勤講師、和田秀樹こころと体のクリニック院長。専門は老年精神医学、精神分析学、集団精神療法学。1995年から1年間、週1回神戸の震災の被災者のグループ治療のボランティアを行う。また、2011年から現在にいたるまで、福島県いわき市および広野町で、原発の廃炉作業や除染を行う職員のメンタルケアのボランティアを続けている。著書多数。近著に『感情的にならない本』（新講社）、『人と比べない生き方』『だから医者は薬を飲まない』（SBクリエイティブ）、『医学部の大罪』（ディスカバー携書）、『世界一騙されやすい日本人』『受験に勝利した親子が実践したストレス克服法』（小社）など。

非道とグローバリズム

新聞とテレビが絶対に言えない「宗教」と「戦争」の真実

2016年2月15日　初版第一刷発行

著者　中田考　和田秀樹

カバーデザイン　秋吉あきら（アキヨシアキラデザイン）
本文デザイン　谷敦　岩井康子（アーティザンカンパニー）
構成　南雲つぐみ
著者写真撮影　中村太
写真提供　共同通信社
編集協力　村山聡美
編集　小宮亜里　黒澤麻子

発行者　木谷仁哉
発行所　株式会社ブックマン社
〒101-0065　東京都千代田区西神田3-3-5
TEL 03-3237-7777　FAX 03-5226-9599
http://bookman.co.jp

ISBN 978-4-89308-854-3
印刷・製本：凸版印刷株式会社

定価はカバーに表示してあります。乱丁・落丁本はお取り替えいたします。